モノクロームで綴る

昭和の鉄道風景

諸河 久 著

JN073330

Contents

表紙写真●田舎の湘南電車ここにあり！ 山形交通三山線のエース モハ111。睦合駅 *1974.11.3*

裏表紙写真●落日への驀進。憧憬となった門デフの麗機C5765。日豊本線 日向沓掛〜田野 *1974.2.11*

昭和の地方鉄道風景

昭和の路面電車風景

[著者プロフィール]
諸河 久（もろかわ ひさし）
1947年東京都生まれ。日本大学経済学部、東京写真専門学院（現・東京ビジュアルアーツ）卒業。鉄道雑誌社のスタッフを経て、フリーカメラマンに。
「諸河　久フォト・オフィス」を主宰。国内外の鉄道写真を雑誌、単行本に発表。「鉄道ファン／ CANON鉄道写真コンクール」「2021年　小田急ロマンスカーカレンダー」などの審査員を歴任。公益社団法人・日本写真家協会会員　桜門鉄遊会代表幹事
著書に「オリエント・エクスプレス」（保育社）、「都電の消えた街」（大正出版）、「総天然色のタイムマシーン」（ネコ・パブリッシング）、「モノクロームの私鉄原風景」（交通新聞社）、「EF58最後に輝いた記録」（フォト・パブリッシング）、「モノクロームの私鉄電機」「モノクロームの国鉄情景」（イカロス出版）など多数がある。2023年1月に天夢人から「路面電車がみつめた50年」を上梓している。

夜明けの日向灘にシルエットを描くC57型が牽引する
日豊本線上り貨物列車。美々津〜南日向 *1974.2.12*

カメラ紀行：**01**

マミヤC33

1965年にマミヤ光機から発売された「マミヤC33 プロフェッショナル」。写真はセコール100mmF3.5を装填している。

1966年の東北ロケに携行した「マミヤC33」で撮影した南部縦貫鉄道のレールバス。初期の6×6判撮影はこのような「日の丸構図」になり易かった。
道の上～坪川 *1966.3.9*

　高校時代の鉄道撮影はもっぱら35mm判一眼レフの「アサヒペンタックスSV」を使っていた。当時、諸先輩の機材は*ブローニー判フィルムを装填する「ミノルタオートコード」や「マミヤC3」の二眼レフカメラが定番になっていた。雑誌に掲載された作品の撮影データを見るたびに、いつかはブローニー判カメラで鉄道を撮影したい思いに駆られていた。

　大学進学が決まった1966年の春、待望のレンズ交換式二眼レフカメラ「マミヤC33 プロフェッショナル（以下マミヤC33）」を入手した。6×6判の「マミヤC33」は、マミヤ光機が1957年に発表したレンズ交換式二眼レフカメラCシリーズの最新機で、Cシリーズでは初のセルフコッキング機能が搭載されていた。標準レンズはセコール80mmF2.8を選択した。

国鉄蒸気列車の撮影には6×6判の「マミヤC33」が真価を発揮した。蒸機の撮影では吹き上がる煙の高さが想定しにくいので、スクエアサイズのフォーマットは有利だった。肥薩線大畑駅のスイッチバック線から矢岳に向けて発車する下り混合列車。(マミヤC33 セコール80mm F2.8) *1970.4.6*

「マミヤC33」の初陣は東北私鉄の撮影旅行だった。仙台市電を皮切りに、宮城バス仙北鉄道、花巻電鉄、津軽鉄道、南部縦貫鉄道などを巡り、日本硫黄観光鉄道で打ち上げている。

初期の6×6判撮影は被写体を中央に据える「日の丸構図」になり易かった。その原因は、ISO100のフィルム感度で深い絞りを使いたかったため、高速シャッターが使えず、遠めでシャッターを切らないと被写体ブレしてしまう恐れがあったからだ。

*ブローニー判フィルム
米国製のカメラの商標から付けられた名称で、6×9cmのフォーマットサイズがスタンダードだった。現在は幅約61mmのロールフィルムの総称で、遮光用の裏紙がロール状に巻き込まれている長さ830mmのものが120mmフィルムとして市販されている。

函館本線下り貨物列車牽引仕業に五稜郭機関区を出区するD52404。*1971.12.6*

巨人機D52を巡る

　鉄道雑誌の撮影取材で、巨人機D52が配置された国鉄五稜郭機関区に通ったのは1971年の年末だった。

　この取材には二つの目的があった。一つはD52を始めとするD51、C58の形式写真撮影と、もう一つはD52を整備点検するスタッフのドキュメント撮影だった。そのため、形式写真撮影用の4×5判組立暗箱カメラと交換レンズ、ドキュメント撮影用の6×6判カメラと交換レンズの2ユニットを携行して現地に赴いている。五稜郭機関区を舞台にしたD52を巡るロケーションは、12月4日から12月6日の3日間に及んだ。

　迂闊だったのは、ドキュメント撮影のマミヤC33の使用フィルムにコダック・プラスXを選択したことだ。ロケ地である道南の12月は、寒さはそこそことしても、夕暮れが早く時雨れがちの天候だった。そのため三脚を使わないドキュメント撮影では、ISO感度125のプラスXによる手持ち撮影は、スローシャッターと浅い絞りを強要される過酷なロケーションになった。

小ぶりな設計の運転台だが、防雪・防寒対策でウエザーボードが延伸されている。出区点検中の乗務員。*1971.12.5*

巨大な煙室を開けてシンダの掻き出し作業に勤しむ古老の機関区員。*1971.12.5*

D52を整備する五稜郭機関区のスタッフたち。*1971.12.4〜12.6*

メカニックなD52の運転台。窓越しに保存か決まったD52468の横顔が見える。*1971.12.4*

巨大な船底型炭水車に
乗った誘導員に導かれ
て出区するD52204。
1971.12.5

寒風の中に石炭の香りを残しながら、五稜郭操車場に向けて走り去る巨体。五
稜郭機関区からD52の彷徨が途絶えたのは1973年5月だった。*1971.12.5*

ハッセルブラド 500CM

1974年に25周年記念カメラ
として発売された「ハッセルブラ
ド500CM」と交換レンズ群

日豊本線の好撮影地である田野の大築堤を
行く20系下り特急「富士」。ハッセルのスク
エフォーマットは画面左側2箇所にv型のラ
ッチが入り、ハッセルで撮影したことの証とな
った。（ハッセルブラド500CM ゾナー
150mmF4）田野～門石信号場 *1974.2.10*

　6×6判一眼レフの最高峰である「ハッセルブラ
ド500CM」による鉄道撮影は1972年から始まっ
た。「鉄道ファン」のスタッフカメラマンとして、社
有のハッセルを駆使することができたからだ。当
時、プラナー80mm F2.8標準レンズ付きが33万

円という高価な価格だった。サラリーマンの初任
給が3万円台だったことから、現在の物価に換
算すると約200万円の価格になり、まさに庶民に
は高嶺の花だった。
　1974年「ヴィクター ハッセルブラド社」は創業

ポスト蒸気機関車の被写体としてEF58を筆頭とする旧型電気機関車が脚光を浴びた。麗機EF5843牽引の上り荷物列車。（ハッセルブラド500CM ゾナー150mm F4）東海道本線戸塚～保土ヶ谷 *1975.5.11*

プラナー80mm F2.8による鉄道遠景撮影。電化前の千歳線を行くキハ80系上り特急「おおぞら」が美しく描写されている。（ハッセルブラド500CM プラナー80mm F2.8）上野幌～北広島 *1973.9.22*

25周年を記念して2000台限定で特別仕様の「ハッセルブラド500CM」を発売した。この時に入手したのがNr.1186と刻印された記念カメラで、本書の山形交通、南九州の蒸気列車、蒲原鉄度の作品は本機とゾナー250mm F5.6・ゾナー150mm F4・ディスタゴン50mm F4の交換レンズ群による撮影だ。

「ハッセルブラド500CM」のスエーデン鋼を使った堅牢な小型ボディの使い勝手と、カールツアイスやシュナイダーレンズ群の高解像力は他機材の追従を許さなかった。

「ハッセルブラド500CM」は1970年代前半の国鉄蒸気機関車やEF65P型のブルートレイン、EF57 EF58などの旧型電気機関車のロケーションで多用している。

1970年代後半になると、カラーポジ撮影の主力機材が35mm判カメラに移行したが、形式写真やモノクロ撮影の分野では必須な機材で、デジタルカメラの登場まで使用された。

高畠駅で発車を待つモハ1。右に高畠駅本屋が見える。ジークライト社への専用線は駅構内から東に向って伸びていた。*1974.11.2*

山形交通 告別の訪問

1974年秋、スタッフカメラマンをしていた筆者に「山形交通鉄道部門を全廃」というニュースが飛び込んできた。山形交通は高畠線、三山線、尾花沢線を擁していたが、未踏破だった高畠線と三山線を記録したい思いが募った。11月2日から文化の日を挟んだ三日間の休暇を利用し、愛機「ハッセルブラド500CM」を携え、山形交通へ告別の訪問に旅立った。

地元産の高畠石を使った高畠駅舎は1934年に竣工し、高畠線廃止後も保存されている。上り電車の改札を待つ乗客をディスタゴン50mmF4のワイドレンズで撮影。*1974.11.2*

冠雪の山々を遠望して晩秋の高畑線を走る糠ノ目行きモハ2。モハ2はモハ1の増備車で、1933年日本車輌製デハニ2を西武所沢工場で車体更新。高畑～竹ノ森 *1974.11.3*

高畑線

　高畑線は前身の高畑鉄道が糠ノ目～高畑間5.2kmを1922年に開業。1924年には二井宿までの5.4kmを全通させ、1929年に直流600Vで電化している。1943年の国策合併で山形交通高畑線となり、1968年に高畑～二井宿が廃止。残された糠ノ目～高畑が全廃されたのは1974年

11月18日だった。

　高畑線の高畑駅にはジークライト化学鉱業高畑工場の専用線があり、貨物輸送用の電気機関車ED2が稼働していた。ED2は近江鉄道から転属した旧国鉄ED28型で、1922年に旧鳳来寺鉄道が発注した英国EE社製の輸入電気機関車だった。

ワムを牽引して糠ノ目に向うモハ1は電化時にデハニ1として日本車輛で製造。西武所沢工場で車体更新した小型車。高畠～竹ノ森 *1974.11.4*

国鉄奥羽線糠ノ目駅（現・JR高畠駅）から列車連絡を受けて高畠に向うモハ2。糠ノ目～一本柳 *1974.11.2*

廃止目前にもかかわらず貨物列車を牽引する「ディッカー（EE社の別称）」ED2。撮影地の竹ノ森駅
ホームには地元から出荷される果実が積み上げられ、ローカル風情を盛り上げてくれた。*1974.11.3*

国鉄左沢線と接続する三山線羽前高松駅の味わいある駅舎。かつては出羽三山の参詣客で賑わったが、閑散としたホームでモハ112が発車を待っている。*1974.11.3*

コンクリート造りの終点間沢駅に到着したモハ112。*1974.11.4*

三山線

　三山線は前身の三山電気鉄道が1926年に羽前高松〜海味間8.8kmを開業。終点の間沢までの2.6kmは、1928年に延伸している。1943年の国策合併で山形交通三山線となり、全線の廃止は高畠線と同日の1974年11月18日だった。

　三山線には三山電気鉄道創業時からの四輪単車モハ103が在籍していた。間沢の車庫を訪問して件のモハ103にカメラを向けた。撮影に立ち会っていただいた車庫の方が「もう見納めになるから、次の上り電車が行ってしまえば、しばらく本線が空くので駅の外までもっていってあげるから…」という稀有なご厚意で、沿線を行くモハ103を撮影できた。

「静かな里の秋」のイメージにぴったりな石田駅に停車する羽前高松行きモハ111。モハ112と共に西武鉄道の旧型車両を西武所沢工場で正面二枚窓の湘南スタイルに大改造したもので、モハ111が1959年、モハ112が1960年に入線している。*1974.11.4*

間沢車庫のご厚意で沿線撮影が叶った三山電気鉄道生え抜きのモハ103工事用電車。三山線廃止後は西川町にある「月山の酒造 資料館」に保存されている。間沢〜西海味 *1974.11.4*

筆者が山形交通に告別の訪問をした日々は秋晴れと燃えるような紅葉に恵まれた。帰京した翌日から山形・置賜地方の天候は木枯らし混じりの時雨になり、この秋の紅葉と一緒に山形交通は散っていった。

山の階から差し込む朝陽を背に受けて間沢に急ぐモハ112。ゾナー250mmF5.6レンズによるロングショット。白岩〜上野 *1974.11.4*

カメラ紀行：

アサヒペンタックス SV

1962年に旭光学工業から発売
された「アサヒペンタックスSV」。
スーパータクマー55㎜ F1.8の
標準レンズを装填している。

初期の「アサヒペンタックスSV」
の作品。希少な存在だった17m
級1等車サロ15のサイドビュー。
大船電車区伊東支区 *1963.7.14*

　鉄道写真に熱中した高校時代は、35㎜判一
眼レフカメラが同好者のステータスだった。といっ
ても、価格が2万円後半もする高価な一眼レフ
機をおいそれと買って貰えなかった。当初は先
輩の愛機だった「アサヒペンタックスS2」を試写さ
せてもらったことがご縁で、1963年6月に憧れの
35㎜判一眼レフカメラ「アサヒペンタックスSV」を
入手することができた。
　SVは前年に発売された最新機種で、セルフ
タイマーが内蔵され、フィルムカウンターが裏蓋の

開閉と連動した自動復元式の機能を備えてい
た。標準レンズは従来のオートタクマーと呼ばれ
た半自動絞り方式のレンズから完全自動絞り方
式のスーパータクマー55㎜ F1.8にレベルアップさ
れていた。この時代、ペンタックスのシャッタース
ピードと連動する着脱式の電気露出計「ペンタッ
クスメーター」も市販されていたが、高価だった
ために購入しなかった。
　当時の露出ワークは経験値による「ヤマ感露
出」が大勢でISO感度100のSSフィルムの場合、

アサペンを携行した関西撮影旅行で訪れた景勝地須磨浦海岸の一齣。山陽本線が複々
線化される前の情景で、51系上り普通電車にカメラを向けた。塩屋〜須磨 *1964.8.1*

木造電車の宝庫だった
名古屋鉄道瀬戸線で
は、名古屋城外濠の堀
割跡を走る瀬戸行きモ
250型を撮影。大津町
〜土居下 *1965.3.20*

晴れ日の順光露出は1/250秒f8、曇り日の露出
は1/125秒f5.6という目安があって、これが、け
っこうヒットしたのだ

「アサヒペンタックスSV」による撮影は1963年
から1969年秋の九州ロケまで続いた。交換レン
ズとして携行したタクマー200mm F3.5望遠レンズ
はプリセット絞り方式で使いづらかったが、30ペ
ージ下や84ページのカットのように、全国の撮影
地で威力を発揮してくれた。

横浜駅前停留所に止まるラッシュ時に増発された大正生まれの400型。国道15号線上に設置された幅の狭い安全地帯は多数の乗降客で賑わっていた。*1963.10.20*

ミナトの路面電車

井土ヶ谷線の上り坂に挑む12系統六角橋行きの600型単車。戦災復旧車ながら軽快な外観だった。北永田～保土ヶ橋 *1968.6.23*

横浜市電

　ハマの市電（横浜市電）は1904年の開業で,営業距離は戦後の最盛期に54kmを擁した。軌間は東京都電や玉電と同じ1372mmを採用していたので、都電の親戚筋のような親近感があり、乗って、撮って楽しめた路面電車だった。

　ハマの市電は1960年代に入っても5形式86両の四輪単車を保有しており「東の単車天国」とも呼ばれていた。

　他都市と同様に、1960年頃からモータリゼーションに翻弄されて赤字経営に陥った。ワンマンカーを走らせるなどの経営努力も空しく、1966年から路線の縮小が始まり、ハマの街から路面電車の姿が消えたのは1972年4月だった。

ハマの市電の名物が山手丘陵地を貫通する本牧トンネルだった。全長215mの複線トンネルは、路面電車
専用トンネルとしては日本一の長さだった。本牧トンネルを抜けて本牧一丁目に向う4系統の1150型は新型
台車を履いているものの、電機品は旧型車からの流用で凡庸な性能だった。元町〜麦田町 *1966.2.19*

横浜市内にはキング、クイーン、ジャックと呼称される三つの塔があり、神奈川県庁本庁舎の尖塔はキングの塔と呼ばれている。県庁前に敷設された花園橋線を走る8系統葦名橋行きの1400型。日本大通県庁前〜薩摩町 *1968.6.23*

布引線の加納町三丁目停留所から三宮方面の景観。10系統石屋川行きに充当された戦前のロマンスカー700型。*1968.4.2*

アメリカンスタイルの300型。関東では見られない重厚なマウンテンギブソンMG19型単台車の形状がよく判る。栄町線楠公前交差点 *1964.2.10*

神戸市電

　戦前の神戸市電は700型ロマンスカーやトラムガール（女性車掌）が活躍したことで「東洋一の路面電車」と謳歌されていた。戦後も黄金時代の伝統が引き継がれ、一度はカメラを向けてみたい路面電車ファンの憧れだった。

　神戸市電の開業は6大都市（東京・横浜・名古屋・京都・大阪・神戸）の中では一番遅い1910年で、軌間は1435mm。戦後の最盛期には営業距離35.6kmまで延伸された。1964年頃からモータリゼーションの影響で客足が遠退き、他都市と同じように全廃への道を歩んだ。ミナト神戸から路面電車が消えたのは1971年3月だった。

　神戸市電は1960年代になっても軽快なアメリカンスタイルの2形式74両の四輪単車を保有しており、東の横浜市電に対して「西の単車天国」といわれていた。

赤煉瓦の神戸栄光教会を右に見て、山手上沢線の下山手四丁目停留所で発車を待つ5系統和田車庫行の1000型。*1961.8.2*

センターポール方式の栄町線を走る12系統脇浜行きの300型。こちらはブラッシュ21E型単台車を履いていた。栄町五丁目 *1964.2.10*

昭和の国鉄風景

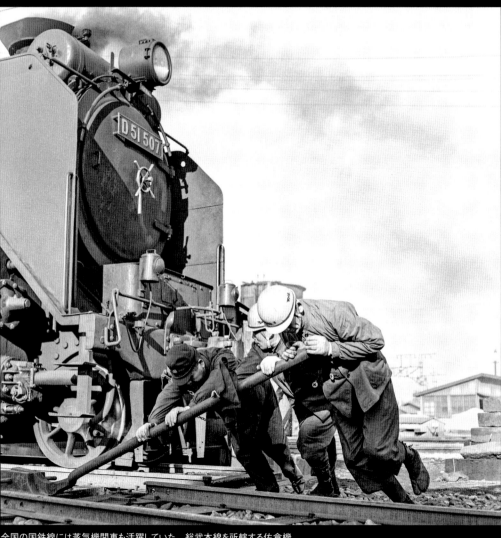

全国の国鉄線には蒸気機関車も活躍していた。総武本線を所轄する佐倉機関区では、転車台上のD51を手動で回転させる光景が展開した。*1969.2.9*

　昭和30年代に入ると日本国有鉄道（以下国鉄）は戦後の発展期を迎えていた。「サンロクトウ白紙ダイヤ改正」と呼ばれる1961年10月1日のダイヤ改正では、全国の主要幹線に特急列車の運転網が張り巡らされ、国鉄特急が一世を風靡する華やかな時代を迎えていた。

　東海道本線、山陽本線、東北本線、北陸本線では151系や481系に代表される電車特急が活躍。函館本線や山陰本線などの非電化路線では、キハ82系気動車特急がハイクレードな列車の旅を実現してくれた。

　いっぽう、特急列車を補完する急行列車には、当初から急行用として設計された153系や455系電車、キハ58系や北海道用キハ56系気動車が充当され、それまでの一般型客車急行に替えて、接客設備と到達時間が大幅に改善された。

東海道本線では急行「六甲」を筆頭とする多数の153系電車急行列車が運転された。下り「せっつ」戸塚～大船 *1963.7.7*

EF65P型が牽引する上り「さくら」。登場時の20系寝台客車から14系寝台客車にグレードアップされた人気のブルートレイン。東海道本線菊川～金谷 *1975.3.7*

　1958年に登場したブルートレインの元祖20系寝台列車は「走るホテル」の愛称で親しまれ、後継の14系寝台列車も加わり、夜行列車の旅は充実していった。青色に塗られた車体のイメージから、「ブルートレイン」と呼ばれた特急寝台列車は青森から鹿児島まで、活躍の版図を全国に広げていった。

　国鉄の象徴だった蒸気機関車は、東海道本線や山陽本線、東北本線の幹線電化が進展するにつれて、活躍の場を狭めていった。電化

やディーゼル化による動力近代化の波が一気に押し寄せたのが「ヨンサントウ」ダイヤ改正（1968年10月）で、この改正を境に蒸気機関車は急速に数を減らしていった。

　それでも、本書に掲載した「巨人機D52」や「南九州の蒸気列車」のように、北海道や九州では1970年代半ばまで、その雄姿が見られた。ちなみに、国鉄線上から蒸気機関車の姿が消えたのは1976年3月3日で、室蘭本線追分駅の入換が最終仕業だった。

東海道本線 1963-1964

筆者が国鉄の檜舞台である東海道本線の列車群にカメラを向け始めたのは1963年だった。ことに一眼レフカメラ「アサヒペンタックスSV」を入手してからは「これで日本一の特急列車を撮りたい」というモチベーションに駆られて、鶴見や大船の有名撮影地に通うようになった。

東京〜大阪の日帰りを可能にし、ビジネス特急「こだま」としてセンセーショナルにデビューした151系特急電車は、1960年以降は「つばめ」「はと」「富士」「おおとり」「うずしお」と、その勢力を拡大していた。

翌1964年になると、東京オリンピック開催と呼応して東海道新幹線の10月開業が発表され、東海道本線に君臨する151系特急電車終焉のカウントダウンが始まった。

運転最終年となったこの年の夏は静岡県下に足を伸ばし、去り行く151系をモチーフに鉄道写真を楽しんだ。

牧ノ原台地の中腹から200mm望遠レンズで捉えた大窓の「パーラーカー」
クロ151を殿にした上り特急「第1つばめ」。金谷〜島田 *1964.8.30*

安倍川橋梁を驀進する151系下り特急「はと」。右隣には東海道新幹線安倍川橋梁が
架かり、試運転列車も運転されていた。静岡〜用宗（現・静岡〜安倍川）*1964.9.13*

東京駅を出発し宇野に向う四国連絡の使者151系下り特急「第1富士」。東京〜新橋 *1963.11.3*

牽引機がEF58からEF60500番台に交替した20系上り特急「みずほ」。
撮影時20系寝台列車の人気は絶大だった。 大船〜戸塚 *1963.12.7*

長崎からロングランする20系上り特急「さくら」。 最後部の電源車には
パンタグラフ集電のカニ22が充当されている。 大船〜戸塚 *1963.12.7*

東海道本線全線電化時に登場し「マンモス電機」とニックネームされたEH10
牽引の上り貨物列車。天竜川〜磐田（現・天竜川〜豊田町）*1964.8.30*

EF58が牽引する一般型客車で組成された上り急行「雲仙・西海」
は長崎・佐世保と東京を結んでいた。 大船〜戸塚 1963.7.7

東京〜大船間で東海道本線と線路を共用していた70系下り横須賀線
列車と並走するEF15牽引の下り貨物列車。 戸塚〜大船 1963.7.7

新幹線開業前夜
極限状態で重責を担っていた

Text◎松本典久

東海道本線は東京と神戸を結ぶ589.5kmの路線だが、日本経済を支える京浜・中京・京阪神を結ぶ、今なお日本の最重要幹線である。

昭和30年代の国鉄にとって営業キロからすれば約3％に過ぎなかったが、輸送量では旅客・貨物共に約1/4を占め、その需要はさらに増加傾向にあった。1956年には他の国鉄幹線に先駆けて全線電化を完成させ、1958年には日本初の電車特急「こだま」の運転も開始した。東京～大阪間の所要時間はそれまでの常識を破る6時間50分として客車時代より40分短縮、日帰りも可能な圏内としたのだ。

こうしたスピードアップは乗客の利便性向上となるが、実は鉄道側にとっては列車設定本数の余地を増やす線路容量拡大になったのだ。

国鉄は1961年10月にも全国で特急や急行大増発となるダイヤ改正を実施したが、東海道本線ではこれによって限界に達し、さらなる定期列車の増発は困難な状況となっ

た。すでに東海道本線の救済主となる東海道新幹線は1964年の開業に向けて急ピッチで準備が進められていたが、国鉄ではそれまでの3年間をいかに切り抜けるかが、大きな課題となっていたのである。

1961年10月当時、東海道本線の速達輸送を支える電車特急は「こだま」「つばめ」「富士」が各2往復、このほか「はと」「おおとり」「うずしお」各1往復、合わせて9往復の設定となった。長年、展望車付き親しまれた客車特急「つばめ」「はと」が電車化されたのも、スピードアップによる輸送力確保という側面があったのだ。

さらに、九州連絡のブルートレインでは1963年からEF58型に代わってEF60型500番台が投入された。ブルトレ牽引は短命に終わった悲運の機関車とも呼ばれるが、実はこの導入によってブルートレインの15両化が達成されたのである。1列車1両の増結だが、「あさかぜ」「さくら」「はやぶさ」「みずほ」と4列車で

は4両となり、その分の輸送力拡大を画策したのだ。

ちなみに、この時代は九州などに連絡する急行も多数運転されていたが、終点まで24時間近く走る「雲仙」「西海」に2等寝台車が2両しか連結されなかったのは、座席車で少しでも輸送力を増やそうといった苦悩もあったようだ。

ここで紹介した1963～1964年という時代は、東海道本線が限界に近い状態で運行されていた時なのである。電車特急、電車急行が次々と駆け抜け、その合間に客車急行や貨物列車もやってくる。極めて活気のある情景が展開されていたが、その華やかさの陰には鉄道マンの工夫と弛まぬ努力があったのだ。

そして1964年10月1日、東海道新幹線が開業した。同日、東海道本線でもダイヤ改正が実施され、東京～名古屋・神戸間などを結んでいた電車特急20本（不定期含む）すべてが廃止となり、その車両は山陽本線に転じたのである。

東京駅を7時に発車。東海道本線を6時間30分で走破して大阪駅に到着した151系下り特急「第1こだま」。
1964.9.23

昭和の国鉄風景

上り急行「津軽」の先頭に立つ
EF575の横顔。久喜〜白岡（現・
新白岡〜白岡）*1975.1.12*

東北本線の要衝大宮駅に接
近する寝台専用の上り急行
「北星」を牽引するEF577。
東大宮〜大宮 *1969.5.26*

古豪 EF57 の憧憬 1969-1975

　大きなデッキ、突き出したパンタグラフに象徴される国鉄EF57の風貌に魅了されて東北本線に通い始めたのは1969年だった。当初はアサヒペンタックスSVや、マミヤC33で撮影していた。

　蒸気機関車撮影から転換した1974年からは「ハッセルブラド500CM」の撮影機材を投入して、「不敵な面構えのゴナナ」のイメージを逆像のスクエアフォーマットに追い求めた。

　東北本線のEF57が躍動するのは、盆暮れとゴールデンウイークで、増発される臨時列車の牽引が狙い目だった。寒風吹き荒ぶ蒲須坂の荒川土手や白岡の炎熱田圃に足繁く通った過酷な日々が憧憬となって蘇ってくる。

　東北本線でEF57と同時期に働いたSG用ボイラを搭載したEF56は1975年に消滅した。同年5月にEF572・EF5710の2両が廃車の先陣として除籍された後も、EF57は孤軍奮闘した。宇都宮運転所に最後まで残ったEF5711が廃車になったのは1977年11月だった。

ゴナナの鑑賞ポイントはサイドビューにあり。年始の上り臨時急行を牽引するEF573。片岡～蒲須坂 *1975.1.5*

残雪の日暮里付近を走るスハニ37型を編成トップに組み込んだ上り急行
「おが2号」。この日の牽引はEF5714だった。尾久～上野 *1969.3.14*

EF577＋EF5715の重連
が上り普通列車を牽いて盛
夏の古利根川を渡る。白
岡〜蓮田 *1974.8.10*

一般型客車で組成された上り臨時列車を牽引するEF5715。この
角度から撮ると面構えに迫力が増してくる。浦和〜赤羽 *1974.5.6*

昭和の国鉄風景

最晩年は宇都宮運転所に集結
東北本線上野〜黒磯間で活躍

Text◎松本典久

1934年の東海道本線の丹那トンネル開通後、東京〜沼津間で使用する強力電気機関車として開発されたのがEF57型電気機関車だ。

この時代、東海道本線では1932年に誕生したEF53型を主力として運転されていたが、この機関車には旅客列車の暖房に使う蒸気暖房装置がなく、冬季になると暖房車を連結して運行していた。そのため、1937年には蒸気暖房装置を搭載したEF56型が開発されたが、その増備途中に新たな高性能主電動機（275kW）が開発された。

この電動機を使えばEF53型やEF56型の出力が1350kwなのに対し、1600kwと大幅な出力アップが期待できる。そこで製造中だったEF56型13号機に急遽この新型電動機を搭載することになった。最終的にこの機関車はEF57型1号機として1940年に竣工したのである。

その後、EF57型は合計15両製造されたが、電動機の出力アップにともない抵抗器から発生する熱を逃がす通風の強化が必要とされた。

そのため、2号機以降は車体を大幅に変更、屋根上にガーランドベンチレーターを並べ、車体窓下の通風孔も増やした。また、このベンチレーター増設でパンタグラフは車体中央部から運転室屋根上に追われた。こうしてEF57型の独特なスタイルが誕生したのだ。

戦後、東海道本線の電化が進むと、線路を跨ぐ道路跨線橋の制約からパンタグラフの取り付け位置を100mm下げねばならなくなった。これは取り付け位置を前に450mmせり出すことで対処され、EF57型の個性に磨きがかかったのだ。

EF57型は1956年の東海道本線全線電化まで同線で活躍したが、戦後に開発されたEF58型の増備が進んだことで事故廃車となっていた12号機を除いて全機が上越線に転じた。

しかし、上越線では20パーミルの急勾配が連続、しかも冬季の降雪も多い。高出力を誇ったEF57型でも厳しい行路だった。そこで上越線は増備の進んでいたEF58型の

担当となり、EF57型は東北本線上野〜黒磯間を担当することになった。こうして1961年までに宇都宮運転所に集結、当時増発が続いていた夜行急行などの先頭に立って活躍することになったのである。

なお、EF57型の特徴のひとつだった蒸気暖房装置は、ボイラなどの痛みがひどく、その取り扱いも厄介だった。そのため、1965〜1966年に電気暖房装置への切り替え改造が実施されている。車体側面には電暖表示灯も取り付けられ、最晩年のEF57型を象徴する新たなチャームポイントとなった。

大きなデッキ、車体前面に突き出したパンタグラフなど独特な魅力をふるったEF57型だったが、1975年山陽新幹線全通を契機に終焉へのカウントダウンが始まった。実は新幹線開業で山陽本線のEF58型に余剰が生じ、これが宇都宮運転所に転じてきたのである。

その後、徐々に置き換えが進められ、EF57型は1978年までに全機が引退となったのだ。

東北本線の荷物列車仕業についていたSG仕様のEF56型。EF57型も当初は蒸気暖房用のボイラを搭載していた。隅田川貨物駅 *1974.2.14*

飯田線の車窓から 1964-1977

　国鉄飯田線には静岡形と呼ばれるクロスシートを装備した旧型国鉄電車が活躍していた。とりわけ、戦前の京阪神間で「関西急電」として鳴らした43・52・53の花形国電が飯田線に集結しており、国電ファンならずとも一度はその活躍ぶりを体験したい線区だった。

　飯田線の国電を初めて垣間見たのは1964年春のことだった。豊橋駅駅頭で三河一宮行きのクモハ42008がクハ47を従えて発車を待っていた。東京にも関西急電の一党だったクモハ43型やクモハ53型が大船電車区に配置され、横須賀線を疾駆していたが、両側運転台のクモ

ハ42型を撮るのは初めての体験だった。ちなみに、豊橋機関区配置の旧快速用だったクモハ52型やクモハ42型は、橙色と緑色の湘南色に塗られていた。

　学生時代には何回か飯田線に通って、ぶどう色時代の名優たちを記録している。印象に残るのは天竜峡駅の電留線で撮影した伊那松島機関区配置のクモハ43009だ。更新修繕を受けて通風器や扉、前灯が換装されているが、オリジナルのぶどう色塗装で関西急電の面影を伝える一齣となった。

飯田線旧型国電のファーストインプレッションは端正なクモハ42型の存在だった。豊橋駅 *1964.3.23*

昭和の国鉄風景

飯田線本長篠駅から接続していた豊橋鉄道田口線を訪問した時の駅頭スナップ。豊橋行きの先頭に立つクモハ43型。*1966.3.31*

下り佐久間行きに充当された正面改造を受けて印象が異なる中部天竜支区配置のクモハ14005。三河東郷駅 *1966.3.31*

関西急電の象徴で一世を風靡した「流電」クモハ52型の流し撮り。次位には往年の横須賀線1等車だったサハ75型を従えている。三河東郷〜大海 *1977.5.15*

1960年代はスカ線で鳴らしたクモハ53型を三扉改造したクモハ50000の下り水窪行き。最後部にクモユニ81型を連結している。三河槇原駅 *1970.4.29*

豊橋方に連結されるクハユニ56型も飯田線の名物だった。三河槇原〜湯谷（現・三河槇原〜湯谷温泉）*1968.6.2*

飯田線には「湘南電車」80系による優
等列車も運転される。三河槙原駅を通
過する上り急行「伊那」。*1968.6.2*

昭和の国鉄風景

飯田線の運転保安は通票閉塞方式のた
め、通過駅ではタブレットによる通票の授受
が行われた。写真のように通過する急行「伊
那」の乗務員が手前のスパイラル状の受け
柱にタブレットを投入し、そのあとホーム先
端の柱から新たなタブレットを受け取って行く
光景が展開した。三河槙原駅 *1968.6.2*

景勝地天竜峡を走る上り平岡行きに充当されたクハ47とコンビを組むクモハ53008。
ノーウンイドシル・ヘッダーで半流線型の優美な国電だ。天竜峡～千代 *1968.6.2*

飯田線では希少な存在のクハ16446。東京近郊のクハ16と違って、トイレも設置されている。天竜峡駅 *1970.4.29*

天竜峡を早朝に発車する下り上片桐行きの先頭に立つオリジナルスタイルのクモハ
14013。飯田線からの退役が迫る最後の春の一齣。天竜峡～川路 *1970.1.29*

　1970年を迎えて注目されたのが、17m国電
であるクモハ14型の動静だった。1969年には
豊橋機関区に1両、豊橋機関区中部天竜支区
に4両、伊那松島機関区に4両の計9両が在籍
していた。翌年なると20m国電の転入により、
中部天竜支区のクモハ14013と伊那松島機関
区のクモハ14008を残すのみとなり、同年中に
終焉を迎えることになった。

　中部天竜支区に配置のクモハ14013は運転
台正面雨樋が直線のままで、正面窓もHゴム支
持にならず、最後まで原形の面影を保持してい
た。当時の飯田線では、ぶどう色塗装から横
須賀線色への塗り替えが進捗していた。現車
はすでに塗り替えを終えており、戦後の横須
賀線時代に里帰りしたかの印象を受けた。

飯田線北部の伊那地方は輸入電気機関車ED19型の好撮影地が点在した。大田切橋梁を渡る
辰野〜豊橋をロングランする上りにはクハユニ56型が連結されていた。宮田〜大田切 *1970.1.30*

私鉄の国有化で誕生した飯田線
線形に私鉄時代の歴史が残る

Text◉松本典久

飯田線は東海道本線の豊橋と中央本線の辰野を結ぶ195.7kmの路線だ。南アルプス（赤石山脈）と中央アルプス（木曽山脈）に挟まれた伊那谷などを南北に走り抜け、山や渓谷の車窓が美しいことでも知られている。

飯田線には起終点を含めて94もの駅があり、平均駅間距離は約2.1km。都市部の鉄道では一般的な間隔だが、人口密度の低い地方路線としては駅間距離が短く、同線の特徴のひとつとなっている。

また、半径200m以下の急カーブや急勾配も多い。ちなみに赤木～沢渡間には40パーミル（1000mで40mの高低差がつく勾配）という現在のJR線では最急となる勾配もある。これは伊那谷という険しい地形の中に鉄道を通したということもあるが、飯田線の前身が私鉄で、駅間と共に国鉄規格とは異なる基準で建設されたという歴史が残っているのだ。

私鉄といっても1社ではなく、4社から形成され、それを国有化して直通運転するかたちで飯田線が成立したのだ。

最初に開通したのは豊橋側の豊川鉄道で、明治時代の1897年に開業している。同社は1900年に大海（のち長篠、再度の改称で大海）まで全通した。続いて明治末期の1909年に辰野側で伊那電車軌道（のち伊那電気鉄道）が開業、時代が昭和となった1927年に天竜峡まで全通している。

中間部は大正時代の1923年に鳳来寺鉄道が長篠（現・大海）～三河川合間で開業、最後に残った三河川合～天竜峡間は昭和に入ってから三信鉄道として建設され、1937年に豊橋～辰野間が全通している。

沿線は天竜川水系による水力発電も盛んで、伊那電車軌道および三信鉄道は当初から電化、豊川鉄道と鳳来寺鉄道も大正時代に電化されている。ただし、豊橋～天竜峡間は直流1500V、天竜峡～辰野間は当初直流600V、後に同1200Vと電圧が異なり、一般列車

の直通運転はできなかった。そんな状態の4社だったが、戦時下の「陸運統制法」によって同時に国有化され、1943年に豊橋～辰野間の飯田線となったのである。その後、1200V区間の昇圧も行なわれ、直通運転の体制も整った。

飯田線ではこうした経緯から国鉄となった後も各社で所有していた電車や電気機関車がそのまま使用された。ただし、1950年代あたりから車両の大型化などで輸送力拡大をはかることになった。ここで起用されたのは、首都圏や関西圏で使用されていた旧型国電だった。特に京阪神を結ぶ「急電」として戦前から活躍していた52系の移籍は大きな話題となったが、それ以外にも個性的な車両が数多く投入され、バラエティー豊かな陣容を築いたのだ。

1978年には「湘南電車」こと80系の導入が始まり、52系など戦前生まれの旧型国電は終焉を迎えた。諸河カメラマンが足繁く通った1964～1977年は、飯田線の車両たちの個性があふれる時代だったのである。

天竜峡駅の電留線で撮影した伊那松島機関区配置のクモハ43009。端正なフォルムは往時の関西急電を彷彿とさせる。*1968.6.2*

吉都線の下り貨物列車を牽引して高崎川橋梁を渡るD51375。同機は1973年に門司機関区から吉松機関区に転入し、1974年6月に廃車された。高崎新田〜東高崎 *1974.2.11*

──── 南九州の蒸気列車 1974

斜光の築堤を走り去るC5739牽引の下り貨物列車。日豊本線 日向沓掛〜田野 *1974.2.11*

昭和の国鉄風景

　1973年の秋、「日豊本線で蒸機急行復活!!」という吉報が飛び込んできた。日豊本線下り急行1121列車「日南3号」の宮崎〜都城の牽引機関車が10月のダイヤ改正で、DF50型からC57型に変更される知らせだった。

　1971年に函館本線の急行「ニセコ」の蒸機牽引が消えてから、二年ぶりに蒸機急行が復活する。日豊本線の宮崎〜都城間は翌春に無煙化が予定されていたため、わずか半年の短期間だが、蒸機ファンにとってビックプレゼントに相違なかった。

　南九州の天候が西高東低の安定期に入った翌年2月、満を持して最後の蒸機天国である南九州へ出発した。このロケの撮影機材には「ハッセルブラド500CM」と交換レンズユニットという最高峰のラインナップを携行した。

　本命の急行「日南3号」は宮崎駅を15時49分に発車するから、撮影地である日向沓掛や門石信号場のスタンバイまでは、吉都線のD51や志布志線のC58の撮影にも足を延し、南九州の蒸気列車を堪能することができた。

鹿児島本線で特急「かもめ」を牽引した往年の名機C5765のプロフィール。日豊本線 日向沓掛駅 *1974.2.10*

国鉄最後の蒸機急行となった日豊本線下り1121列車「日南3号」を牽引するC579。16時5分、ハッセルのファインダーの中で冬の夕陽に照らされたナンバープレートが輝いた。清武〜日向沓掛 *1974.2.9*

昭和の国鉄風景

訪問時の志布志線には一日4往復の貨物列車ダイヤが設定されており、志布志機関区のC58型が充当されていた。大分機関区から1972年に転入したC58277牽引の上り貨物列車。岩川〜岩北 *1974.2.11*

落日への驀進。下り1527列車牽引のC5765。日豊本線 日向沓掛～田野 *1974.2.11*

国鉄 SL 運転の終焉期
活躍の場は九州と北海道が中心だった

Text◎松本典久

国鉄では戦後の最盛期6000両近い蒸気機関車（SL）を使用していたが、1958年に動力近代化委員会を発足、蒸気機関車全廃の方針を決定した。そして電化あるいは内燃化によって無煙化を進めていったのだ。

1960年代後半になると全国各地でお別れ運転のニュースが飛び交い、いわゆる「SLブーム」が巻き起こる。ただし、当時はインターネットなどの情報ツールはなく、SLの運行情報を手に入れるのは至難の業だった。多くは鉄道雑誌の特集記事か口コミが頼りという状態だったが、1972年には国鉄の協力によって「鉄道ダイヤ情報」の前身となる「SLダイヤ情報」も創刊され、誰もがSLの勇姿を楽しめるようになったのだ。

もっとも無煙化事業は着実に進んでおり、1972年10月時点では四国が完全無煙化達成、本州が中央西線、関西本線、紀勢本線、山陰本線のほか、ごく一部のローカル線、ほかは北海道と九州の各線に残っているだけとなっていた。また、旅客列車無煙化の進捗も早く、この時点で特急や急行といった優等列車の先頭に立つSLは皆無だった。

そんな状況下、1973年10月ダイヤ改正で京都〜都城間を結ぶ急行「日南3号」のうち、日豊本線宮崎〜都城間の下り列車でC57型による運転が復活したのだ。ちなみに、上り列車はDF50型ディーゼル機関車のままで、運用上の都合か、はたまた終焉を迎えたSLへの花道として演出だったのかも知れない。

この時、SLのメッカと言われてきた九州でも鹿児島本線と長崎本線の無煙化は完了しており、南九州の日豊本線の大分〜鹿児島間、吉都線、日南線、志布志線あたりが九州で最後に残されたSLの聖地ともなっていたのである。

ここで運転されていたのは、C11型、C55型、C57型、C58型、C61型、D51型あたりがメインだった。このうち東北から移籍してきたC61型は別として、九州SLならではの特徴とされた「門デフ」を装備した機関車も多かった。これは煙突のわきに設置されたデフレクター（除煙板）と呼ばれる衝立の特殊形状だ。下部を切除し、点検整備をしやすくする工夫だったが、見た目もスマートで特にC55型やC57型でのバランスが良かった。急行の先頭に立つSLというだけで希少だったが、こうした人気の機関車が起用される可能性もあり、ファンを熱狂させたのである。

ただし、終焉に向かうカウントダウンも始まっており、翌1974年春には日豊本線大分〜宮崎間や吉都線が無煙化、最後まで残った日豊本線宮崎〜鹿児島間も1975年3月で幕となった。

なお、国鉄のSL本線運転は同年12月に実施された北海道の室蘭本線が最後で、翌1976年3月には追分に残っていた入換用SLも火を落とし、無煙化が達成されている。

日豊本線屈指の蒸機撮影地である田野界隈には1968年から通い始めた。C57191が牽引する下り普通列車。田野〜門石信号場 *1968.3.21*

昭和の国鉄風景

昭和の地方鉄道風景

筆者の訪問時は流山電気鉄道の社名だったが、その後、流山電鉄→総武流山電鉄→流鉄と社名を変更している。写真の流山駅の風情はローカルムード満点で、「関東の駅百選」にも選ばれている。*1965.10.10*

　昭和30年代の初頭、多くの地方都市には国鉄線と近郷を結ぶ会社線（あるいは社線）と呼ばれる地方鉄道が盛業していた。バス路線やトラックによる貨物輸送もあったが、道路は狭隘な未舗装道路であったし、雪国での冬季は降雪で通行止めにもなるから、地方鉄道による客貨輸送は堅調な時代だった。

　昭和30年代も半ばになると、「ブルーバード」や「コロナ」に代表される国産小型自動車がモータリゼーションの嚆矢として全国に普及していくことになる。これに呼応するように道路整備も進捗したため、輸送量が脆弱な地方鉄道はバスやトラック輸送に太刀打ちできず、相次いで廃止に追

い込まれていった。本書で取り上げた山形交通、蒲原鉄道、上田丸子電鉄（別所線のみ現存）、関東鉄道（常総線と竜ケ崎線が現存）、北陸鉄道（未掲載の石川線と浅野川線が現存）もモータリゼーションと沿線人口過疎化の波に抗しきれず、例外なく廃止された。

　地方私鉄の廃止が続いた昭和の時代から半世紀を経たが、私鉄線に限らずJRローカル線までも廃止への道を辿る社会事象が今日も続いている。

　「過ぎたるは及ばざるが如し」というが、過度のモータリゼーションが深刻な道路渋滞を引き起こし、鉄道輸送が見直された事例が、関東圏

関東圏では江ノ電と並んでポール電車が活躍した銚子電鉄も1960年代初頭には路線廃止が噂されていた。笠上黒生駅で離合待ちする外川行きデハ101。*1965.5.5*

80パーミルの急勾配に挑戦する箱根登山鉄道は、箱根観光の足として欠かせない存在だ。強羅駅でモハ103の線路散水用水槽に給水中の乗務員。*1978.5.8*

の地方私鉄である箱根登山鉄道や江ノ島鎌倉観光（現・江ノ島電鉄）に見られる。両社とも路線廃止が噂された時期があったが、並走する国道1号線や134号線の自動車渋滞が激しいことと、観光地である箱根町、鎌倉市内の狭隘な道路事情が起因して、鉄道による観光客輸送が復権している。観光シーズンや休日には、両社のターミナルで利用客が長蛇の列をなすほどの盛況ぶりだ。

　写真を掲載した銚子電鉄は「濡れ煎餅」の販売などの副業が功を奏して路線が維持されてきたが、コロナ禍で客足が遠退き、苦戦を強いられている。鉄道事業継続に応援エールを送りたい。

車内を巡回してくる紅顔の車掌が、思い出したようにダルマストーブに石炭をくべる。*1986.3.8*

1984年から津軽鉄道に転入したオハフ33が
ストーブ列車に活躍。津軽中里駅 *1986.3.8*

かつて国鉄路線図が掲示されていた額には、ス
トーブ列車の俳句が架けられている。*1986.3.8*

「しばれる」津軽をゆく
津軽鉄道 1983-1986

　都電や駅弁の作家として健筆をふるった林順信氏（1928 ～ 2005）は、自身の日記に「われ、いまだ冬の津軽を知らざるなり。北国は冬こそまさるらん」と綴り、しばれる冬の津軽野をひた走る津軽鉄道のストーブ列車に思いを寄せていた。

　1983年の訪問は3月だったが、前夜からの吹雪にさらされ、純白に雪化粧したリベット止めの旧形客車が印象深く、冬の津軽鉄道は見るも

のすべてがフォトジェニックに感じられた。

　1986年冬の再訪では、津軽中里から五所川原までストーブ列車の乗車取材をしている。この時の客車は国鉄払い下げのオハフ33型に代替わりしていた。

　石炭の香りが漂う車内には、津軽巻というのだろうか、角巻姿の老婦人達が歓談する光景が展開した。あまり口を開かずに喋る津軽訛り

腕木式の場内信号機に見送られ、津軽中里駅を後にする上り津軽五所川原行きストーブ列車。津軽中里〜深郷田 *1986.3.8*

が、旅人には殆んど聞き取れなかったことを記憶している。

　昨今の津軽鉄道ストーブ列車は観光列車として人気を博している。乗客は都会からの旅人で占められて、生活感あふれた40年前の車内風情は過去のものになってしまった。

昭和の地方鉄道風景

暖かい生活感に包まれたストーブ列車の車内。角巻姿の老婦人の憩いの場所だ。*1986.3.8*

津軽野の雪景色の中をDD35型の牽く下り津軽中里行きの混合列車が走る。最後尾
には西武鉄道の電車だったナハフ1200型が連結されている。嘉瀬〜金木 *1983.3.3*

樹氷に覆われた芦野公園駅を発車する下り津軽中里行き旅客列車。芦野公園～川倉 *1983.3.3*

石炭焚きの「ストーブ列車」
生活感あふれる情景が残っていた

Text◎松本典久

「ストーブ列車」の運行で知られる津軽鉄道。その名の通り、津軽の地に根付いた鉄道である。

起点はJR五能線の五所川原（ごしょがわら）駅に隣接した津軽五所川原。ここから津軽半島の内陸部を北上し、津軽中里まで20.7kmを結んでいる。全線単線で、非電化。令和時代の今なお、"汽車"の雰囲気を残したローカル私鉄である。

現在、津軽鉄道の重要な稼ぎ頭となっている「ストーブ列車」とは、暖房用のストーブを車内に設置した客車で組成される列車のことだ。

今日の鉄道車両は空調や電気暖房で車内温度を調整しているが、こうした車内環境の維持サービスには長い歴史がある。

鉄道黎明期、車内暖房はなく「あんか」などの保温器具で補っていたが、明治末期に蒸気暖房が発達する。これは列車の牽引に当たっていた蒸気機関車から蒸気を分け、客車内に引き通すもの。列車全体の暖房ができ、重宝された。

その後、電気機関車が台頭してくると暖房用蒸気のあてがなくなる。そのため、ボイラーを搭載した暖房車を連結、そこから蒸気を供給した。ただし、いちいち暖房車を連結するのは不便なので、先に紹介した蒸気発生装置搭載のEF57型などが開発されたのだ。さらに電車では電気暖房も導入され、これが今に続いているのである。

いっぽう、小規模の列車では車両ごとに独立した暖房装置を取り付けることも行われた。そのひとつが石炭や練炭などを燃料とするストーブだ。

津軽鉄道の場合、1930年7月に開業しているが、その年の12月からこの方式を採り入れ、今に続いているのである。燃料は石炭で、ストーブは「ダルマストーブ」と呼ばれる球形鋳物製のものを使用している。

津軽鉄道のストーブを設置した客車は時代によって更新されているが、諸河カメラマンの訪問時は1983年から導入されたオハフ33型とオハ46型となっていた。いずれも国鉄で使用されてきたいわゆる旧型客車である。この車両は今でも現役で使用されており、出合えるだけでも貴重な体験だ。ストーブのまわりには火傷防止の柵が設けられ、車掌が巡回しながら時折石炭を投入して、火の番をしてくれる。

津軽鉄道では戦前から気動車を導入してフリークエントサービスをめざし、冬季にストーブ列車となる客車列車は朝夕のラッシュ時に運行してきた。ただし、近年では観光に特化した日中運行が中心となり、さらにストーブ列車の乗車には特別料金が必要なこともあり、乗客の顔ぶれは大きく変わってしまった。

観光客にはストーブの上でスルメを焼くのが楽しみとなっているようだ。いつの間にか伝統的情景のように語られているが、以前の運行中にこんな姿は見たことがなかった。常識的に考えればわかりそうなものだが、ま、これも「観光列車」として存続させていくための知恵なのだろう。

かつて在籍したキハ2400型のロングシートの車内。エンジンの排気暖房装置がなかったため、冬季には石炭ストーブを装備していた。*1966.3.8*

国鉄磐越西線が接続する五泉駅で乗客を待つ村松行きモハ91＋クハ10。
モハ91は1974年に廃止された山形交通三山線からの転入車。*1976.10.10*

一日だけの旅
蒲原鉄道 1976

国鉄信越本線加茂駅のはずれに位置する蒲原鉄道加茂
駅ホーム。発車を待つ村松行きモハ31。*1976.10.10*

　国鉄信越本線加茂駅に付帯した蒲原鉄道の
ホームには村松行きの単行電車モハ31が発車を
待っていた。学生時代から新潟県の私鉄には
足繁く通っていたが、なぜか蒲原鉄道には足が
向かなかった。

　この訪問は旅程の関係で一日限りとなるが、
蒲原のプロパー車両であるモハ10型やED1型
と、唯一の木造電車で名古屋鉄道から転籍し
たモハ21の車庫撮影に主眼が置かれていた。
もっとも、全線21km余の加茂〜五泉間を乗り通
してもたがが知れており、次回の訪問に備えて、
車窓からの沿線ロケハンもかかさなかった。

　蒲原鉄道は起点の五泉駅から沿線の大邑で
ある村松駅まで区間と、村松駅から山間の過
疎地を通り、終点の加茂駅に至る区間に運転
系統が二分されていた。したがって、五泉駅と
加茂駅の直通運転は無く、直通客はすべて村
松駅で乗り継ぐダイヤが設定されていた。

　当日は加茂〜村松間に単行のモハ31とモハ
41が、村松〜五泉間にはモハ91＋クハ10の編
成が運転されていた。

立派な駅本屋を持つ村松駅を発車して五泉に向うクハ10＋モハ91。クハ10は1949年に入線した旧国鉄キハ41000型で、1961年に西武所沢工場で更新改造を受けた唯一のクロスシート車。村松〜今泉 *1976.10.10*

水溜りの石ころ道の向こうに車齢50年に迫る古豪モハ11が憩う村松車庫の一齣。*1976.10.10*

曲線の途中にある鄙びた高松駅で乗降扱いする村松行きモハ41。後年再訪した
折はワンマン化により、ホームで集札する車掌の姿は憧憬となった。*1976.10.10*

加茂川に沿った沿線一の景勝地を走る村松行きモハ41。前掲のモハ31とモハ41は東京電機工業の出張施工で車体を
新製している。1954年に製造されたモハ41は車体を延伸し、2扉から3扉への改造を受けた。狭口〜七谷 *1976.10.10*

加茂〜村松間の列車交換駅七谷駅に到着する加茂行きモハ41。駅
構内のクリアランス標識の高さで、積雪量が推察される。*1976.10.10*

狭口駅には「狭い口（狭き門）に入る」という語彙か
ら、難関を目指す受験生が願掛け参りに来訪した。
待合室には神棚が設置され「入る」に起因する入場
券も売れた、という逸話が残っている。*1976.10.10*

加茂駅に戻る帰路は途中の七谷駅で下車。
隣接する狭口（せばぐち）駅に続く約2kmの田舎
道をカメラハイクする。この区間には蒲原鉄道
線が加茂川畔を走る沿線一の好撮影地があり、
時折やってくるモハ31やモハ41の単行電車にシ
ャッターを切った。

　加茂行きの電車を待つ狭口駅は秋霖に煙っ
ていた。冷気に包まれたホームに暖かく灯る裸
電球が郷愁を誘い「一日だけの旅」の終幕を飾
ってくれた。

昭和の地方鉄道風景

新潟県内初の電気鉄道だったが
過疎地の地方交通線に終始した

Text◎松本典久

蒲原鉄道は1999年に廃止されてしまった新潟県下を走る鉄道だ。

JR磐越西線の五泉を起点として村松を経由し、JR信越本線の加茂とを結ぶ21.9kmの鉄道だった。

鉄道名の「蒲原」とは新潟県中央部の旧郡名で、蒲原平野という呼び方もある。これは日本の穀倉地帯として知られる広大な越後平野（新潟平野）の別称だ。この鉄道名からすると広大な平野を走るようにも思えるが、実際には平野の縁を縫うように走る地味な路線だった。

途中にある村松は、村松藩3万石の城下町として栄えていたが、明治時代に近隣に建設された岩越鉄道（現・磐越西線。五泉付近は国有化後に開通）、北越鉄道（現・信越本線の直江津〜新潟間）共にルートから外れてしまった。しかし、明治後期には陸軍歩兵第30連隊の駐屯地になった。こうした状況もあり基幹鉄道への連絡路線として蒲原鉄道の建設が始まったのである。

大正時代の1923年にまず五泉〜村松間が開通し、元号が昭和に変わった1930年に五泉〜加茂間が全通している。

蒲原鉄道は先行開業時より直流600Vで電化されており、これは新潟県で最初の電気鉄道となった。また、この開業に向けて導入した車両は11m級の木造車（デ1・デ2）だったが、基本フォーマットは同時期に開業した目黒蒲田電鉄（現・東急目黒線など）デハ1型と同一だった。東京と同じハイカラな電車が走るということで、当時は大きな話題になったそうだ。

全通時にも新たな電車や電気機関車を新製導入しているが、その後は各地から譲り受けた中古車両、あるいは台車を流用した車体更新車などで運用している。

ちなみに諸河カメラマンの訪問時に出合ったモハ11は蒲原鉄道全通時に日本車輌で製造された生え抜き車両だったが、モハ41はモハ11と同形となるモハ13の台車を使って車体を新製したものだった。蒲原鉄道は小所帯だったにも関わらず、

このように車両の変化が激しく、ほぼ1形式1両といった感じだった。

戦後、蒲原鉄道は乗合バスなどにも事業を拡大していくが、鉄道事業は厳しいものがあった。さらに1967年と1969年の再度にわたる水害も経営悪化に拍車をかけた。

蒲原鉄道では駅の無人化やワンマン運転を進めて経費削減に努めたが、焼け石に水状態だった。ついに閑散区間だった村松〜加茂間の整理に取り掛かり、1985年3月いっぱいで運行を終了して廃止。これにより運行区間は五泉〜村松間のわずか4.2kmとなった。この時、車両も整理され、モハ31やモハ41などの電車5両、これに電気機関車1両というさらにコンパクトな陣容になっている。

こうして収益率を高めて存続をはかったが、根本的な問題のひとつとなっていた施設や車両の老朽化には対応できず、1999年10月3日限りで運行を終了、翌10月4日付けで廃止とされてしまった。

モハ21は名古屋鉄道から転じた1925年製の木造車。手動の客室扉の上辺が優雅な曲線を描く外観だった。
村松車庫 *1976.10.10*

菅平山系を背景に雄大な神川橋梁を渡る真田行きモハ4256。国鉄に
買収された鶴見臨港鉄道からの転入車。伊勢山〜殿城口 *1967.10.30*

華麗なる田舎電車
上田丸子電鉄
1967-1980

　筆者の撮影嗜好は美しい沿線風景もさること
ながら、車両形態の良し悪しにこだわりを持って
いる。同じ地方私鉄電車でも、Hゴム支持やア
ルミサッシ化、前灯のシールドビーム化など、不
細工な修繕を施されていると、撮影のモチベー
ションが上がらなくなる。

　上田丸子電鉄（1969年から上田交通→2005
年から上田電鉄）時代に活躍した電車群は、
別所線の鋼体化車両であるモハ5370型を除い
て、前述のような瑕疵がなかった。端正な
LP42系の前灯が屋根上に輝き、プレスドア、H
ゴム支持、アルミサッシなどは皆無で、別世界
の装備のようだった。

　1954年に国鉄富山港線から丸子線に転入し
たクハ261（伊那電気鉄道デ100→1943年国鉄

真田・傍陽線の起点である電鉄上田駅は丸いドー
ム状の屋根を持っていた。真田方面への発車を待
つ勾配路線の主力モハニ4250型。*1967.10.30*

買収クハ5910）から全車両に伝播した、というク
リームとブルーの国鉄横須賀線色の外装が、沿
線の風情によく調和した。

　真田・傍陽線、丸子線、別所線の3線に個
性豊かな電車群を擁す上田丸子電鉄は、筆者
にとって宝石のような「華麗なる田舎電車」の宝
庫であった。

釣掛けモータを唸らせて伊勢山への上り勾
配に挑むモハニ4250型。風情に富んだ
真田・傍陽線が廃止されたのは1972年2
月だった。樋之沢～伊勢山 *1967.10.30*

昭和の地方鉄道風景

真田・傍陽線では電車が貨車を牽引す
る混合列車が見られた。腕木式場内
信号機がある樋之沢駅に進入する電
鉄上田行きのモハニ4251。*1967.3.7*

真田・傍陽線

　真田・傍陽線は、33パーミルを超す勾配区間
が6.9kmに及ぶ山岳路線だ。1927年の開業時
に上田温泉電軌が川崎造船所発注した4両の
デナ100型（現・モハニ4250型）が主力として活
躍していた。

　真田・傍陽線の電鉄上田駅頭で発車待ちし
ていたのがモハニ4250の一党で、更新修繕を
経ていたために荷物室の丸窓は失われていた
が、横型碍子の大きいパンタグラフ、トラスロッ
ドの台枠、弓形イコライザーの台車が存在感を
誇示していた。いっぽう、戦後になって転入し
た旧鶴見臨港鉄道モハ4255や旧総武鉄道
（現・東武鉄道）モハ4261の個性豊かな電車も
彩を添えてくれた。

平坦な丸子線には珍しい20パーミルの上り勾配を上る上田東行きモハ2340型。
1962年に廃止された山梨交通からの譲渡車。八日堂～上堀 *1967.10.31*

丸子線

出自が丸子鉄道だった丸子線の沿線には、鐘紡丸子工場を始めとする製糸業が盛業しており、電車の合間を縫うようにED2211やED251電気機関車牽引による貨物列車ダイヤが組まれていた。また、丸子鉄道時代に発注された木造車のモハ3350型も健在で、朝夕の通勤通学列車の先頭に立つ姿が見られた。

日中の主力は東京急行電鉄から転入した3両のモハ4360型で、東横線の開業時の1925年に藤永田造船所が製造した古豪。東急ファンには垂涎の存在だった。

ガソリンカーの車体を転用したモハ3220型や山梨交通から転入した2340型も丸子線では見逃せない被写体だった。

終点の丸子町駅に休むモハ4360型とED2211型。モハ4360型は東京横浜電鉄（現・東京急行東横線）が開業時に新造したモハ100型。1958年に転入後は丸子線の主力として活躍した。*1967.10.31*

鐘紡丸子工場へ800mの引き込み線が敷設されていた丸子鐘紡駅（旧称下丸子駅）の列車交換風景。画面左の待避線に停車するED251牽引の上り貨物列車と上田東に向かうモハ3220型。画面手前が丸子町に向かうモハ4360型。*1967.10.31*

画面右上の別所温泉駅を発車して、下り勾配を駆けおりる上田行きクハ272＋モハ5251。クハ
272は旧東横電鉄の流線型気動車キハ1型からの改造車。別所線 別所温泉～八木沢 *1980.8.15*

昭和の地方鉄道風景

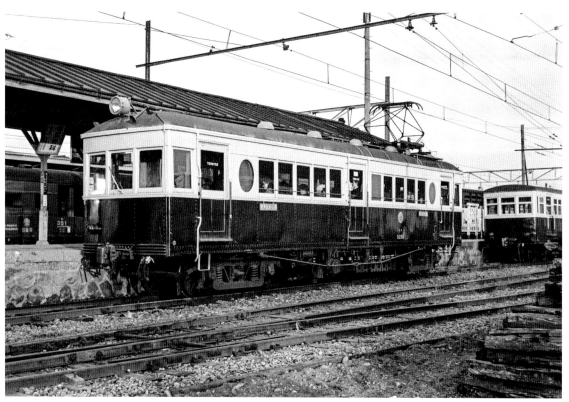

上田駅で発車を待つ「丸窓電車」モハ5253。多くのファンに愛され、1986年に退役したが、三両全車が静態保存されている。現状の上田電鉄上田駅は高架化され、半世紀前の光景は憧憬となった。*1967.3.6*

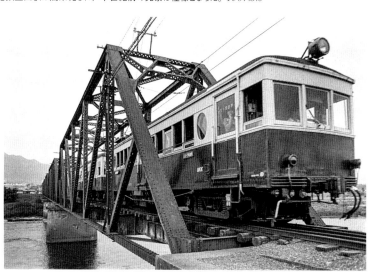

1924年に上田駅乗り入れのため架橋されたワーレントラス構造の千曲川橋梁を渡る別所温泉行きモハ5251。先年の豪雨災害で写真手前のスパンが落橋し、別所線の存続が危ぶまれたが、見事復旧された。上田〜城下 *1980.8.16*

別所線

　別所線は「信州の鎌倉」と別称される別所温泉へ向かう観光路線で、1986年の昇圧工事と東急ステンレスカーの導入という変革を経て、旧上田丸子電鉄唯一の現存路線として孤軍奮闘している。

　別所線に赴いたのは1967年の早春だった。

国鉄信越本線上田駅の連絡跨線橋を渡ると、別所温泉行の「丸窓電車」モハ5250型が発車を待っていた。1928年に上田温泉電軌が別所線の看板電車として日本車輌に発注したレジェンドで、トラスロッド台枠にリベット車体、丸い戸袋窓にお椀型ベンチレーターと、私鉄電車ファン冥利に尽きる井出達だった。

塩田平にネットワークを広げていた
上田丸子電鉄／上田交通

Text◎松本典久

北陸新幹線の上田駅は、しなの鉄道となった信越本線、そして上田電鉄の電車も発着し、上田市の鉄道拠点となっている。諸河カメラマンの訪ねた「上田丸子電鉄」とは、このうちの上田電鉄が前身となる鉄道だ。

現在の上田電鉄は、上田～別所温泉間の別所線だけの運行となっているが、その歴史の中で、かつては塩田平とも呼ばれる上田盆地に多くの路線を運行していた。

現在も残る別所線は、大正時代の1921年に上田温泉電軌の「青木線」として三好町（現・城下。現在の三好町駅は開業時に三好町三丁目駅を名のる）～上田原～青木間、さらに「川西線」として上田原～別所（現・別所温泉）間を開業している。鉄道名にもあるように青木周辺の田沢温泉や沓掛温泉、また別所温泉への湯治客を運ぶ目的でつくられた。

当初、起点となった三好町は千曲川の左岸で、国鉄信越本線上田駅は右岸にあった。3年後には千曲川橋梁が完成、上田駅発着となっている。

上田温泉電軌は主に道路上を走る路面電車だったが、徐々に専用軌道化も進めていった。ただし、資金難で進捗は芳しくなく、時代が昭和に変わった1938年、上田原～青木間の道路使用期限が切れたことで同区間は廃止となってしまった。

この時残った上田～上田原間の青木線は川西線に組み込まれた。さらに翌1939年には、上田～別所温泉間を「別所線」に改めると共に法律上も「軌道法」による軌道から「地方鉄道法」による鉄道に切り替え、社名を上田電鉄（現在とは別組織）とした。

なお、上田温泉電軌時代の1926年、川西線の途中にある下之郷から西丸子に向かう「依田窪線」、さらに翌年から上田駅の東部にも路線を延ばし、1928年に上田～傍陽・真田間の「北東線」も開通させている。この2線は1939年に「西丸子線」「菅平鹿沢線」と改称、さらに後者は戦後の1960年に「傍陽・真田線」と改めている。

この上田温泉電軌／（旧）上田電鉄とは別に、大正時代の1918年には丸子鉄道が大屋～丸子町間で開業した。こちらは蒸気機関車で運行する鉄道で、大正時代に電化すると共に上田東まで延伸している。

戦時体制となった1943年、上田電鉄と丸子鉄道は合併、上田丸子電鉄となった。

諸河カメラマンが最初に訪問した時には、別所線のほか、改称された真田・傍陽線、そして旧丸子鉄道の丸子線が運行していた。そこでは出自の異なる雑多な電車が在籍、多彩な陣容で出迎えてくれたのだ。なお、西丸子線は1961年の災害によって休止、1963年に廃止されていた。

昭和40年代には経営合理化のため、丸子線および真田・傍陽線が相次いで廃止され、1969年には上田交通と社名変更。また1986年には電車線電圧を750Vから1500Vに昇圧、これを機にバラエティーに富んだ電車たちは引退している。なお、2005年に体制変革で新たな上田電鉄となっている。

1969年の丸子線廃止まで現役木造車として活躍したモハ3351＋サハ27＋モハ3352。上長瀬～丸子鐘紡
1967.10.30

昭和の地方鉄道風景

輸送力増強のためロングシートに改造された自
社発注のキハ800＋キハ500＋キハ800の3
連が取手を目指す。水海道～小絹 *1965.1.3*

偉大なる非電化路線

関東鉄道 1963-1980

国鉄常磐線取手駅で発車を待つ下館行き下り列車。写真のキ
ハ82は常総鉄道が発注したキホハ102の更新車。*1965.10.4*

　1965年6月、常総筑波鉄道と鹿島参宮鉄道
が合併して関東鉄道が発足した。傘下に入っ
た常総線・取手～下館間51.1km、筑波線・土
浦～岩瀬間40.1km、竜ヶ崎線・佐貫～竜ヶ崎
間4.5km、鉾田線・石岡～鉾田間26.9kmの合算
距離が122.6kmに及ぶ、日本一の非電化私鉄
が誕生した。

　筆者は1963年の秋、まだ蒸気機関車が運転
されていた鹿島参宮鉄道竜ヶ崎線を訪ねてい
る。蒸機が木造客車を牽引する姿は過去のも
のとなっていたが、日中に佐貫～竜ヶ崎間を一
往復する蒸気列車の撮影を堪能した記憶が残
っている。

　常総筑波鉄道常総線には、合併半年前の
1965年正月に足を踏み入れた。訪問した水海道
機関区のお目当ては、1924年汽車製造製の1C1
大型タンク機関車8号機と1942年日本車輛製の
51号機（国鉄C12型の自社発注機）だったが、双
方とも庫の片隅に留置され、荒廃していた。

昭和の地方鉄道風景

水海道駅の正月風景。キハ41005
を殿に据えた下館行き4連が正月客
輸送に活躍。上りホームも取手行き
の乗客で溢れていた。*1965.1.3*

寺原駅に進入するキハ41005
＋キサハ52＋キハ40086の
取手行き上り列車。*1963.1.3*

常総線

　常総線は他の3線に比べ輸送密度が高く、筆者の訪問時は正月客輸送も手伝って、3連や4連の列車が満員で、乗り切れないほどの盛況ぶりだった。「クロスシートに座ってゆったり楽しむローカル線」のイメージから「通勤気動車で立ち席のローカル線」にイメージを変換する旅となった。

　写真のキハ41005は旧国鉄キハ0410の譲渡車。1963年、常総線に入線している。1965年4月に筑波線、1970年に鉾田線に移る。1972年に西武所沢工場で総括制御、片側運転台化の改造をうけ、キハ411に改番された。

ちょこんとした前灯が特徴だった竜ヶ崎線の気動車。写真のキハ41303は旧国鉄キハ0418で、1960年に廃車後、鹿島参宮鉄道に移籍している。佐貫駅 *1963.11.3*

竜ヶ崎線

　蒸気機関車の撮影で竜ヶ崎線を訪れた1963年は、日本車輌製のC1タンク機関車5号機が稼働していた。同線には前身の龍崎鉄道が1925年、川崎造船所に発注したCタンク機関車4号機も在籍した。

　活躍中の4号機を撮影できたのは1965年初夏の訪問だった。午後に竜ヶ崎駅を発車する4号機牽引の上り貨物列車が今日の本命だ。偶然見つけた進駐軍時代の踏切標識「CROSSING RAIL ROAD」をファインダーの右隅に取り込み、4号機の通過を待った。

鹿島参宮鉄道時代最後の撮影となった竜ヶ崎線4号機が牽引する上り貨物列車。竜ヶ崎～入地 *1965.5.16*

筑波線一の人気者はバケット付きのキハ541。前身は北陸鉄道能登線で稼働したキハ
5301で、1972年の同線廃止後、筑波線に転入した。常陸北条〜常陸小田 *1978.9.23*

筑波線

　筑波線の前身にあたる筑波鉄道がその名を
残したのは、1922年から汽車製造に発注した
「筑波形」と呼ばれる1C1タンク機関車だ。鋳鉄
製の化粧煙突に象徴される汽車製造独自のス
タイルを確立し、私鉄向けタンク機関車のプロト
タイプになった。

　筑波線は1968年から撮影を始めている。常
総線と異なり、「クロスシートに座ってローカル線の
旅」を楽しめた。筑波線の気動車群で異彩を放
ったのは、北陸鉄道と江若鉄道から転入したキ
ハ541とキハ511の2両だった。

紫峰と呼ばれ「日本百名山」の一つに数えられる筑波山を背景に土浦に向かうキハ462＋キハ763。
キハ462は国鉄→遠州鉄道→北陸鉄道能登線→関東鉄道筑波線と流転した。キハ763は北海道
の雄別鉄道からの転入車で、雄別時代はキハ49200Y3だった。筑波〜常陸北条 *1978.11.5*

霞ケ浦の湖面を背景に鉾田に向かうキ
ハ42202。旧東横電鉄キハ1型で上
田丸子電鉄クハ272の原型にあたる。
次位はキハ42201を切妻に改造した
キハ651。桃浦〜八木蒔 *1968.1.3*

運転席横の展望シートで人気の高か
ったキハ431＋キハ432。1972年
に廃止された加越能鉄道加越線から
の転入車。玉造町〜浜 *1980.8.12*

鉾田線

　鉾田線で特筆されるのは、戦前の「流線型時代の寵児」キハ42200型のことだ。1936年、東京急行電鉄の前身東京横浜電鉄は、東横線の急行用としてキハ1型ガソリンカー8両を川崎車輌で製造している。外観は当時世界的な流行だった流線型を採用し、乗客の好評を博した。そのうちのキハ2・8の2両が、五日市鉄道→南武鉄道→鉄道省→国鉄を経て、1951年にキハ42201・42202として鉾田線に入線している。独特の風貌に「そよかぜ」「さざなみ」のヘッドマークを付けて、戦後の鉾田線のクイーンとして君臨した。

今なお第三セクター鉄道を除けば
日本一の営業距離を誇る非電化私鉄

Text◎松本典久

現在、常総線(取手～下館間51.1km)、竜ヶ崎線(佐貫～竜ヶ崎間4.5km)の2路線を運行する関東鉄道。共に非電化路線で、第三セクター鉄道を除くと営業キロでは日本一となる非電化私鉄だが、1965年6月の発足時はその倍以上となる122.6kmもの長さで運行していた。

当時は現行2路線のほかに筑波線(土浦～岩瀬間40.1km)、鉾田線(石岡～鉾田間26.9km)も運行していたが、これら4線はそれぞれ独自の歴史を歩んできた。

この4線のうち、もっとも歴史の古いのは竜ヶ崎線で、明治時代の1900年に龍崎鉄道として開業している。当時は762mm軌間の軽便鉄道だったが、大正時代の1915年に現在の1067mmに改軌された。

この龍崎鉄道改軌の2年前となる1913年、常総線が常総鉄道によって取手～下館間全線を一気に開業した。軌間は現在変わらぬ1067mmだ。

さらに1918年には筑波線が筑波鉄道(1979年に誕生した筑波鉄道とは別組織)によって開業した。これも土浦～岩瀬間を一気に開業しているが、実際には機関車不足もあって当初は途中の筑波で折り返し運転していた。半年ほど遅れてようやく終点の岩瀬まで運転されるようになっている。筑波鉄道の場合、当初は762mmで計画されたが、鉄道免許取得後、1067mmに変更して建設されている。

鉾田線は鹿島参宮鉄道として1924年に開業した。当初は石岡～常陸小川間で、その後、少しずつ延伸を重ねて時代が昭和となった1929年に鉾田まで全通している。

いずれの鉄道も当初は蒸気機関車による運行だったが、昭和初期には内燃動力も併用するようになった。

戦時中、日本の私鉄は戦時体制として変革を余儀なくされたが、1944年には龍崎鉄道が鹿島参宮鉄道に譲渡された。また、終戦直前の1945年3月には常総鉄道と筑波鉄道を合併して常総筑波鉄道となった。

戦後、常総筑波鉄道では常総線の列車を国鉄常磐線に直通運転し、上野～下館間という列車も運行している。これは戦後の混乱の中で続いた買い出し需要などを見込んだものだったようだが、1949年には常磐線の取手電化を機に終了してしまった。

また、1960年ごろには筑波線沿線にある筑波山観光の足として、上野から土浦経由で、水戸側から岩瀬経由で直通列車が運行されたこともある。これも客車で運行され、出番の減っていたDD501が活躍した。

1965年6月1日には常総筑波鉄道と鹿島参宮鉄道が合併となり、日本一の非電化私鉄となる関東鉄道が誕生した。

ただし、このころからモータリゼーションの発達もあって運営が困難になり、1979年4月1日には筑波線を筑波鉄道、鉾田線を鹿島鉄道として分離、関東鉄道は現行の常総線と竜ヶ崎線になった。残念ながら筑波鉄道は1987年3月31日限り、鹿島鉄道は2007年3月31日限りの運行をもって鉄道営業を終了、廃止となった。

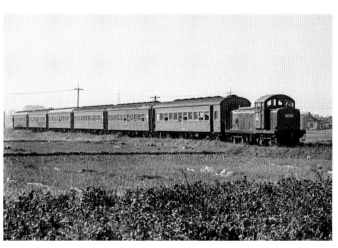

上野駅から常磐線経由で筑波線に乗り入れた下り「筑波号」。1978年は筑波線のDD501が不調で、常総線の水海道機関区からDD502を借り入れて牽引にあたった。常陸北条～筑波 *1978.11.5*

昭和の地方鉄道風景

雲の切れ目から顔を出した朝日が、山中行きの準急に充当されたクハ1602＋モハ3501の車体を浮かび上がらせた。
クハ1602は遠州鉄道からの転入車で、モハ3501は1961年日本車輌製の高性能電車。山中駅 *1964.12.29*

温泉通いのローカル電車
北陸鉄道 1964

　東京発金沢行き急行「能登」の車窓は日の出の遅い師走のこと、武生駅を出るころにやっと白み始めた。車外は期待に反して枯野の景色で、雨も降っている。

　筆者にとって、初めての北陸撮影行のツアーリーダーは旧知の飯島巌さん。飯島さんの鉄道仲間である和田英昭、風間克美さんも参加され、冬休みを利用した北陸私鉄巡りが実現した。

　「能登」を下車したのは、北陸鉄道山中線と接続する北陸本線大聖寺駅。小雨の北陸鉄道ホームには、アルミ車体で「しらさぎ」のエンブレムを付けた山中行きのモハ6010が発車を待っていた。

　この日は一日で、大聖寺〜山中間8.9kmの山中線、河南〜新動橋間6.3kmの山代線、動橋〜片山津間2.7kmの片山津線（三線を包括して河南線とも呼ばれている）を巡る旅程だった。

　河南（かわみなみ）線の沿線には著名な山中

温泉、山代温泉、片山津温泉が所在し、北陸鉄道は温泉通いの乗客に愛用されたローカル電車だった。1943年の国策合併までは、名は体を表す「温泉電軌」が運営にあたっていた。

小雨に煙る山中駅に停車する「日本初のオールアルミカー」クハ6061＋モハ6011は「しらさぎ」と命名されていた。*1964.12.29*

河南駅から接続した新
動橋行きモハ1810型
に乗り込む。運転台を
覗くと、スイス・ブラウ
ンボベリ社製の大柄な
ダイレクト・コントローラ
が偉そうに鎮座してい
た。*1964.12.29*

　山中線の中間駅である河南駅は山代線の起点で、山中線と接続していた。山代線の宇和野駅から分岐して粟津温泉を経由して、新粟津まで結んでいた粟津線（1962年11月に廃止）が健在だったころは、河南〜宇和野間2.9kmは連絡線、宇和野〜新動橋間3.4kmは動橋線と呼ばれていた。

　1965年9月に片山津線が廃止された後も山中線と山代線は運行を続けたが、モータリゼーションの進捗とローカル私鉄廃止の時勢に抗しきれず、1971年7月に両線とも廃止された。大正期に温泉電軌が加賀温泉郷に築いた温泉電車のネットワークが終焉を迎えた。

新動橋と河南間は、1942年に温泉電軌が発注した木南車輌製のモハ1810型の天下だった。運転台
には、件のブラウンボベリのコントローラーを両手で操作する乗務員が写っている。新動橋駅 *1964.12.29*

山代線の見せ場である大聖寺川橋梁を渡る準急新動橋行きモハ1813。前
部にスノープラウの取り付け座を装備している。河南〜山代 *1964.12.29*

山代線は新動橋駅で国鉄北陸本線と直角に連絡していた。画面左には国鉄キハ58
系急行列車も遠望できる。河南に向けて走るモハ1812。新動橋〜庄 *1964.12.29*

昼前まで降り続いた雨も止み、
片山津線を訪れるころには、
冠雪した白山連邦を垣間見る
ことができた。トロリーポール
然としたボウコレクターを振りか
ざし、動橋に走り去る木南車
輌製のモハ1802。片山津
本町～合河 *1964.12.29*

昭和の地方鉄道風景

　片山津線の前身は地元の温泉旅館経営者が運営した馬車鉄道の片山津軌道だった。同社を温泉電軌が引き継ぎ、1922年から電車が走り始めた。

　片山津線は往時の集電装置だったトロリーポ

ールを改造したボウコレクターを装備したモハ1800型による運行だった。訪問日には片山津線の行末を暗示しているかのような、バス代行運転が実施されていた。それから一年を経ずした1965年9月に廃止の日を迎えている。

運休になった電車に代わる北陸鉄道の片山津行き代行バスに乗車する国鉄北陸本線からの接続客。動橋駅 *1964.12.29*

終点の片山津駅は華やかな温泉街ではなく、湯の町エレジーが聞こえてくるような場末に所在した。ホームを挟んで左側にモハ1801、右側にモハ1802が停車していた。*1964.12.29*

「温泉電軌」にルーツを持つ
北陸鉄道の河南線

Text◎松本典久

現在、北陸鉄道といえば金沢市内から郊外に向かう浅野川線、石川線の2路線を運行、さらにバス事業も展開している私鉄というイメージだが、かつては石川県下に多くの鉄道路線を持っていた。

石川県では主に北陸本線の駅に接続するような形で多くの私鉄が運行されていた。中には七尾線の羽咋駅を起点とした能登鉄道（のち北陸鉄道能登線）のように20kmを超える路線もあったが、多くは小規模なものだった。さらに出自も異なり、それぞれ零細な会社によって運営されていたのである。

そのため、戦時下の「陸運統制令」によって統合が進められることになり、1943年10月には北陸鉄道（旧）、能登鉄道、温泉電軌、金名鉄道、金石電気鉄道のほか石川県下のバス事業者も合併し、現在の北陸鉄道が設立している。その後も浅野川電気鉄道（現・浅野川線）などを合併して新生・北陸鉄道による一括した運営になっていった。

当初、その路線数は多く、金沢市内には現行2路線のほか、金沢市内線や金石線があり、北陸本線の松任（まっとう）からは松金線、寺井（現・能美根上）から能美線、小松から小松線、粟津から粟津線、動橋（いぶりはし）からは動橋線、片山津線、大聖寺からは山中線と、軒並み北陸本線各駅から北陸鉄道への乗り換えができるような感じだった。

このうち、粟津線（粟津温泉～新粟津）、動橋線（宇和野～新動橋）、連絡線（河南～宇和野～粟津温泉）、山中線（山中～河南～大聖寺）と片山津線（新動橋～片山津）を総称して「河南線」とも呼ばれていた。これは北陸鉄道への合併前の「温泉電軌」の路線で、「温泉電軌線」といってもよさそうなものだった。

諸河カメラマンの訪問する2年前となる1962年11月に粟津線と連絡線の一部が廃止され、1963年7月には連絡線と動橋線の河南～新動橋間を統合して山代線と改称している。

ちなみに各路線の開業時、軌間や動力方式もまちまちだったが、温泉電軌に統合された大正時代にはすべて1067mmに揃え、直流600Vで電化されている。そのため、線路のつながっていない片山津線（北陸本線の動橋駅を挟んで北側に片山津線、南側に動橋線が発着していた）を除いて車両は共通で運用されていた。

河南線は前身の温泉電軌の名にもあるように山中温泉、片山津温泉などの足として活用された。北陸鉄道では1962年から2両編成転換クロスシート車の6000系および増備の6010系を導入して、温泉客に向けた看板車両として運用している。ちなみに6010系はアルミ合金製軽量車体を採用、日本の鉄道車両技術史に残る名車両だ。

残念ながら新型車両の効果も薄く、片山津線は1965年9月23日限りで廃止、残った山中線と山代線も1971年7月10日限りの運行で終焉を迎え、翌日付で廃止となった。

モハ1810型のスイス・ブラウンボベリ製ダイレクト・コントローラ。
河南駅 *1964.12.29*

江ノ電沿線で最もポピュラーな撮影地だった境川橋梁を渡るバス窓仕様の300型連接車。湘南海浜公園〜鵠沼 *1963.6.8*

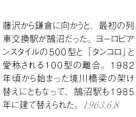

藤沢から鎌倉に向かうと、最初の列車交換駅が鵠沼だった。ヨーロピアンスタイルの500型と「タンコロ」と愛称される100型の離合。1982年頃から始まった境川橋梁の架け替えにともなって、鵠沼駅も1985年に建て替えられた。 *1963.6.8*

去り行くポール電車
江ノ島鎌倉観光 1963-1964

　東海道本線の藤沢と横須賀線の鎌倉を結ぶ江ノ島鎌倉観光（以下江ノ電／現・江ノ島電鉄）は電車運転の老舗で、東京に路面電車が走り出す前年の1902年に藤沢〜極楽寺を部分開業している。

　江ノ電の特徴は、稀有となってしまったトロリーポール集電を採用していることだった。戦前は路面電車や一部の近郊電車はポール集電が定番だったが、戦後になると使い勝手の良いビューゲルやパンタグラフ集電が普及して、ポール集電の電車は数えるほどに減少した。

　江ノ電のトロリーポール集電が全国的に知ら

生活感溢れる橘通商店街を横目に地平時代の藤沢駅
に到着する藤沢行き100型。石上～藤沢 1963.10.14

昭和の地方鉄道風景

れたのは、1963年公開の東宝映画「天国と地
獄」（黒澤明監督・三船敏郎主演）だった。作
品中、犯人からの電話の中に漏れ聞こえるトロ
リーホイールの音で、発信先を江ノ電の沿線と
推定するくだりがあり、架線を震わすトロリーホイ
ールの擦過音を一般人が認識することになった。
　筆者が江ノ電撮影に通ったのは1963年で、
巷には江ノ電が早晩にトロリーポール集電をパン
タグラフ集電に改善する、という情報が流れて

いた。
　翌年2月17日に江ノ電がパンタ化されることが
決まり、トロリーポールと決別する時がやってき
た。最後の訪問は1月の底冷えする日曜日だっ
た。極楽寺の車庫を覗くと、藤沢方のポールを
Zパンタグラフに換装した110が待機していた。
ポール集電が見納めになることを実感し、七里
ガ浜の高台から去り行くポール電車に最後のシャ
ッターを切った。

創業時代から続く伝統の併用軌道を走る鎌倉行き200型連結車。200型は王子電軌→都電→江ノ電を流転した経歴の持ち主だ。江ノ島〜腰越 *1963.10.14*

江の島を後方に見て、相模湾と国道134号線に沿って鎌倉に向かう500型連接車。電車の片腹に「恵風園前」のバス停が写っている。1931年までは江ノ電の恵風園前停留所が所在した記録があり、この近辺だったことが推察される。腰越〜鎌倉高校前 *1963.10.14*

東宝映画「天国と地獄」で、一躍有名になった江ノ電のトロリーポール。鎌倉駅 *1963.10.14*

腰越駅を発車して併用軌道区間の神戸橋に差しかかる藤沢行き100
型。長閑な江ノ島の街並みが続く。腰越～江ノ島 *1963.10.14*

ポール集電の最後を見届けに訪れた行合川橋梁の俯瞰ショット。鎌倉に走り去る500型連
接車が残したトロリーホイールの擦過音が記憶に残る。七里ガ浜〜稲村ケ崎 *1964.1.26*

「江ノ電」は1964年まで
トロリーポールの姿が貴重だった

Text◎松本典久

藤沢～鎌倉間を結び「江ノ電」として親しまれている江ノ島電鉄は、明治時代の1902年に開業、すでに120年以上運行されている、関東圏でも古株となる鉄道である。

また、電気鉄道という点でも歴史は古く、当初は「江之島電気鉄道」という名前で、日本で6番目の開業となった。ちなみに国鉄／JR線の電化区間としてもっとも古い飯田町～中野間の電車運転より2年も早く、のちに東京市電、東京都電として発展していく東京の馬車鉄道が電車を導入するのも江之島電気鉄道開業の翌年からだった。

当時の電気鉄道の集電方式は「トロリーポール」を使い、架線とも呼ばれる架空電車線から集電する構造が一般的だった。江ノ電では当初最新型の「ビューゲル」を使用したが、ほどなくトロリーポール化されている。技術的には後退だが、保守などの都合だったのだろうか。

トロリーポールは、現在のパンタグラフと同じ役割を持つ集電装置で、金属パイプの先端に取り付けた滑車状の車輪（トロリーホイール）またはU字断面のすり板（スライダーシュー）を架線にはめ込むように接触させて集電する構造だ。

トロリーポールはバネによって上昇するしくみで、トロリーポールを下げたり、位置を移動したりするのは乗務員がポールに取り付けたロープを引っ張るかたちで操作した。

構造がシンプルなため、製造や保守もたやすく、路面電車を中心に多用された。ただし、高速走行では架線からトロリーホイールやスラ

イダーシューが外れやすかった。また、進行方向に対して常に後ろ向きに掲げる必要があり、逆走はできなかった。つまり電車の折り返し地点に到達すると、いちいちトロリーポールの向きを変更しなければならなかったのだ。

こうした短所もあったため、やがてトロリーポールはパンタグラフやビューゲルといった集電装置に置き換えられていったのである。

諸河カメラマンが「江ノ島鎌倉観光」と呼ばれていた江ノ電を訪ねた1960年代、国内でトロリーポールを使用する例は鉱山や工場など特殊な例を除いて極めて少なくなっていた。一般鉄道としては、江ノ電のほかは花巻電鉄、秋田市交通局、羽後交通雄勝線、銚子電気鉄道、伊豆箱根鉄道軌道線、京阪京津線、京福電鉄叡山線・嵐山

線ぐらいのものだった。

江ノ電の場合、長年にわたり使用してきた集電装置であり、運転や保守現場の慣れもあって伝統的システムを手放さなかったのかも知れない。とはいえパンタグラフは省力化に役立つと判断され、1964年2月に置き換えとなった。

なお、江ノ電は会社組織の変革などによりたびたび商号変更が行われ、江之島電気鉄道（1900年設立）→横浜電気（1911年～）→東京電灯（1921年～）。新たに江ノ島電気鉄道（1926年設立、1928年に東京電灯より江之島線譲受）→戦時統合により東京横浜電鉄（のち東京急行電鉄）の傘下に（1938年～）→東京急行電鉄から独立（1947年）→江ノ島鎌倉観光（1949年～）→江ノ島電鉄（1981年～）となっている。

昭和の地方鉄道風景

江ノ電には、「極楽洞」と呼ばれる1907年に竣工した全長209mの煉瓦張りトンネルがあり、2010年からは鎌倉市の景観重要建築物に指定されている。極楽洞を抜けて藤沢に向かう300型連接車。長谷～極楽寺 *1963.6.8*

昭和の路面電車風景

1976年に全廃された仙台市電。1966年の訪問時には、前年6月に一部廃止され仙台市電に譲渡された茨城交通水浜線の車両と再会。仙台市電色がよく似合うモハ138（旧茨城交通136）。東二番丁〜東五番丁 *1966.3.3*

　昭和20年代の後半、各地の路面電車は戦後の復興時代を終えて、次世代の高性能路面電車の構想を立ち上げていた。その象徴ともいうべき車両が、東京都電に登場したPCC車5501だった。米国ウエスティングハウス社のライセンスを購入。国内メーカーが製造に携わり、1954年から都大路を走り始めた。
　「PCC」とはPresidents Conference Committeeの頭文字を取ったもので、米国の路面電車会社の社長会がモータリゼーションに対抗して1929年に結成した委員会のことを示している。この委員会は自動車に勝る性能と経済性を備えた高性能路面電車の研究を重ね、1936年に第1

号車がワシントンにデビューしている。スマートな流線型の車体に高加減速が可能な路面電車は「PCC車」と呼称され、全米で5000両以上が量産された。
　たった1両の製造で終わった都電5501だったが、各都市の路面電車に準PCC車が誕生する礎となり、大阪市電が高性能車3001型を50両も量産したことは特筆に値しよう。
　昭和30年半ばになると、爆発的に増えた自動車交通に対処して、警視庁が都電の軌道敷内への自動車の乗り入れを許可した。この頃から各地の路面電車は自動車の渋滞に巻き込まれて、定時運転が困難になり、乗客の信頼が

営業距離約200kmを誇った東京都電も1963年から路線短縮が始まった。東京オリンピック開催に向けた道路工事
の進捗で、1963年9月に廃止された番町線を走る10系統須田町行き6000型。三番町〜九段坂上 *1963.7.6*

福島交通軌道線は福島駅
前を起点にした30キロメート
ル余の路面電車。狭隘な
未舗装の泥軌道を走る梁川
行きモハ1110。1971年
に全線が廃止された。摺上
荒町〜河原町 *1967.9.2*

薄らいで、廃止への道を辿り始めた。都電を例
にとると、東京オリンピック関連道路工事の影響
で1963年から路線短縮が始まり、大動脈の銀
座線が廃止された1967年暮れから雪崩を打つ
ように各線の廃止が始まり、1972年11月で荒川
線を除く全線が撤去された。
　本書に掲載した茨城交通水浜線は1966年に
全線が廃止され、新型車両を投入して経営改

善を図った名古屋鉄道美濃町線も2005年に全
線が廃止されている。いっぽう、土佐電気鉄道
は鉄道線廃止により安芸方面への乗り入れ運
転は廃止されたが、市内を走る伊野線、ごめ
ん線、桟橋線の各線は健在だ。長崎電気軌道
も全線が盛業中で、低床式の新型車両が活躍
している。

水戸駅前停留所の安全地帯から撮った上水戸行きの138。1960年の新潟鉄工所製で、水浜線最後の新造車となった。本社前〜水戸駅前 *1965.6.6*

昭和の路面電車風景

水戸駅前から公園口に続く国道51号線上の単線併用軌道を大洗に向かう138。マツダT1500型三輪トラックが共演する一齣となった。郵便局前〜水戸駅前 *1965.6.6*

磯にいざなう水浜電車
茨城交通 1965-1966

　民謡「磯節」で著名な茨城県の磯浜・大洗には、国鉄（現・JR）常磐線水戸駅前から茨城交通水浜線の路面電車が通っていた。茨城交通の前身である水浜電車は、景勝地の磯浜と水戸市内を結ぶ計画で、1922年の浜田〜磯浜の開業に続き、路線を水戸市内に延ばし1930

年までに袴塚〜湊の全線20.5kmを開業した。1944年の国策合併で茨城交通水浜線になり、戦後は上水戸〜大洗間18.0kmを運行し、水戸市民の足として活躍した。

　ご多聞に漏れず、モータリゼーションの影響で赤字経営が続き、1965年6月に根幹である水

戦後拡幅された水戸の目抜き通りを走る大洗行き133と南町四丁目で交換待ちする上水戸行き132。南町一丁目～南町四丁目 *1965.6.6*

戸駅前～上水戸間が廃止されることになった。

　水浜線への撮影行は廃止の4日前で、すでに電車の横腹には上水戸～水戸駅前廃止の告知看板が吊るされていた。この日は、水戸駅前から公園口の目抜き通りや上水戸に続く専用軌道の区間で撮影を続け、浜田や大洗の撮影地も巡った。

　水戸駅前～大洗に短縮後の水浜線にも何度

か訪れている。水戸駅前～上水戸の廃止後、戦後に新造した130番代の車両は全て仙台市電に売却された。残存区間の運行には水浜電車時代に造られた120番代の6両が充当されていた。

　翌年になると5月いっぱいで残存区間の廃止が決定され、44年間続いた水浜線の歴史に幕が下ろされた。

公園口から上水戸までは、家並の軒をかすめるような専用
軌道が続く。下市浜田のSカーブの向こうを張る上市砂
久保のSカーブを走る132。砂久保〜公園口 *1965.6.6*

終点の上水戸駅では、赤塚〜御前山を結ぶ茨城交通茨城線と接続していた。*1965.6.6*

昭和のストラクチャーに囲まれた味わい深い馬口労町入口停留所。水戸駅前行きの132が発車を待つ。*1965.6.6*

路面電車ファンから「浜田のSカーブ」と呼ばれていた水浜線の名所を走る127は日立製作所が1942年に製造の高床式木造ボギー車。戦時中の物資節約の国策で木造になった。浜田〜本五丁目 *1966.2.9*

大洗行き133の前窓からスナップした長閑な浜田停留所風景。交換を待つ138が停車している。*1965.6.6*

浜田停留所を発車すると木造矩形庫を持つ浜田車庫が見え、庫内には131、136、126が休んでいた。133の前窓スナップ。*1965.6.6*

　本一丁目から車庫のあった浜田にかけての本町通りは、水戸城下の南東に位置し、江戸期から下市商店街として繁栄してきた。国道51号線の標識が立つ狭隘な電車道には茨城交通の路線バスも走り、その両側に商店が軒を連ねていた。

　本五丁目〜浜田間に所在したクランク状の急カーブは、同好者から「浜田のSカーブ」と呼ばれており、車輪を軋ませながら路面電車が走る光景が展開した。水浜線廃止後、狭かった道路は拡幅され、下市商店街は「ハミングロード513」の愛称で呼ばれ盛業している。

涸沼川に架かる長い専用橋を渡り終え、上水戸行き138が平戸停留所に接近する。磯浜～平戸 *1965.6.6*

鹿島灘からの潮の香りが漂う泥軌道を水戸駅前に向かう1929年梅鉢鉄工製の125。曲松～大貫 *1966.2.9*

上水戸行きの133が発車を待つ終点大洗は松林に囲まれていた。往時
はここから海門橋で那珂川を渡って、終点の湊を結んでいた。*1965.6.6*

水戸市内に向かう138の車内は、大洗や磯浜からの行楽帰りの乗客で賑わった。*1965.6.6*

茨城県下初の電気鉄道として誕生
最盛期は続行運転で輸送力を確保したが…

Text◎松本典久

　茨城県の県庁所在地となる水戸市は、江戸時代には徳川御三家水戸家の城下町となり、近代に入っても重要拠点として栄えてきた。現在、鉄道網としては市の玄関口となる水戸駅を中心にJRでは常磐線、水戸線、水郡線が運行され、さらに国鉄工事線を活用した鹿島臨海鉄道の大洗鹿島線も発着している。また、那珂川を渡って勝田駅からは旧茨城交通湊線のひたちなか海浜鉄道も出ている。

　こうして鉄道活用の際立つ水戸だが、以前はさらなる鉄道が運行されていた。そのひとつが茨城交通の水浜線で、水戸市内と東側海浜部の磯浜や大洗を結ぶ鉄道だった。

　水戸市は市域の拡大で東側の太平洋まで迫っているが、水戸駅からだと10kmほどで海岸線に至る。海岸部には南から磯浜、那珂湊、平磯、合わせて「三浜（さんぴん）」と呼ばれる県下有数の漁港が開けていた。明治期、これらの港町と水戸を結ぶ鉄道が計画され、大正に入ってから、ひたちなか海浜鉄道の前

身となる湊鉄道が開業した。ルートは那珂川左岸を走り、那珂湊および平磯への交通が便利になった。

　しかし、磯浜は那珂川の右岸。鉄道利用となると川を渡って四角形の3辺をたどるようなかたちで水戸に向かわねばならない。これでは不便だということで、右岸側に新たな鉄道が計画され、大正時代の1922年12月28日に水浜電車という社名で水戸市内の浜田と磯浜間で開業した。茨城県下初の電車運転だった。

　その後、水浜電車は両駅から先へと徐々に延伸、時代が昭和に移った1930年に袴塚〜湊間20.5kmが全通している。水戸の街中では併用軌道も使われ、路面電車然とした運行だった。また、湊への延伸は那珂川河口部の海門橋がコンクリート製の4代目に架け替えられたことで実現し、この橋を渡って左岸へと延伸したのだ。残念ながらこの橋は大洪水によってわずか8年で落橋、大洗〜湊間は営業休止となり、戦後に廃止されている。

　戦時下の1943年には「陸運統

制令」によって水浜電車、湊鉄道、そして水戸市内から那珂川上流部の御前山へと連絡していた茨城鉄道、さらにはバス会社を統合するかたちで茨城交通として再発足した。この折、水浜線（旧・水浜電車）と茨城線（旧・茨城鉄道）の乗り継ぎの便をはかるため、終点の袴塚を上水戸に変更している。これにより水浜線は上水戸〜大洗間18.0km（大洗〜湊間の休止区間を除く）となった。

　1950年代、水浜線では新型電車を導入しながらフリークエントサービスの強化をすすめたが、いかにせん全線が単線のため、線路容量は低い。そのため、輸送力を確保するために続行運転も実施していた。

　いっぽう、茨城交通ではバス事業も展開しており、やがて小まわりの効くバス化が計画される。かくして1965年6月10日限りで上水戸〜水戸駅前間を部分廃止、残った区間も翌年5月いっぱいで電車運行を終了、バスへと置き換えられてしまったのだ。

水浜線は一高下を発車して、国鉄（現・JR）常磐線を跨線していた。勾配を下る大洗行きの125。一高下〜東棚町 *1965.10.4*

昭和の路面電車風景

霙（みぞれ）混じりの冬の日、美濃から徹明町に到着したモ511にカメラを向けたのが美濃町線のファーストショットだった。このモ510型は美濃電セミボ510型として1926年に登場し、美濃町線の主力として活躍した。ちなみに、美濃電の形式記号の「セミボ」は、セミスチール・ボギー車の略称だった。*1965.3.20*

美濃町通いのインターバン
名古屋鉄道美濃町線 1965-1967

　美濃和紙で知られる岐阜県美濃町（現・美濃市）と岐阜市の繁華街柳ヶ瀬24.8kmを結ぶ美濃町線は1911年に開業している。当初は美濃電気軌道（以下美濃電）の経営だった。後年名古屋鉄道の傘下に入り、名古屋鉄道美濃町線となった。戦後になると岐阜市内の起点を岐阜柳ヶ瀬から徹明町にルート変更している。1970年代に名鉄新岐阜駅（現・名鉄岐阜駅）への直

通運転のため、競輪場前から分岐する田上線を開業した。同時に直通運転用の600V・1500V複電圧対応車モ600型を6両投入して、乗客誘致と近代化を図っている。
　美濃電は円形前面五枚窓の「美濃電スタイル」といえる独特の風貌をしたモ520・モ510型を登場させた。戦後まではトロリーポール集電で大きな救助網を前後に装備していた。

徹明町から6kmくらい走った日野橋停留所で徹明町行きモ504と離合する。
ここまで来ると、沿道の家並が疎らになり、郊外らしくなってくる。*1967.2.26*

下芥見駅では、通票を持った駅務員が出迎えてくれた。対向する徹明町
行きには都電6000型の姉妹車モ571が充当されていた。*1967.2.26*

未舗装の道路脇に敷かれた泥軌道をの
んびり走る美濃電スタイルのプロトタイプ
となったモ525。1923年名古屋電車
製で、木造車体は鉄板張りに更新され
たが、トラスロッドの覗く床下やブリル
27MCB-1型台車がトロリーファンを魅
了する。上芥見～白金 1967.2.26

往路で乗車した徹明町行きモ503のサイドビュー。こちらもモ520型と同様に外板を鉄板張りにした「ニセスチールカー」だが、二重屋根の水雷形ベンチレーターが印象に残る。白金～上芥見 *1967.2.26*

　美濃町線全線のロケハンを兼ねて、徹明町から乗車したのはモ503で、美濃電初のボギー車として1921年から稼働している古豪だ。運転台脇に陣取って沿線のチェックを始めた。

　車窓からは路面電車と郊外電車をミックスさせたような風景が続き、フォトジェニックに富んだ路線だ。途中の交換駅では、同僚のモ504や都電6000型の姉妹車モ571、美濃電スタイルのモ511などと離合し、終点の美濃駅に到着した。

赤土坂停留所で離合する二年前に徹明町で撮影したモ511。刃物の街として知られる沿線の関市は目前だ。*1967.2.26*

長良川の支流で清流が豊かに流れる津保川の専用橋を美濃に向かうモ514。モ514は
連結運転が可能で、集電装置もパンタグラフを装備している。上芥見〜白金 *1967.2.26*

美濃駅改札口から駅構内を撮影した一齣。木造矩形庫の左側にはモ512が留置されていた。*1967.2.26*

美濃駅は大正期に建てられた趣のある佇まいで、駅舎を背景にホームの留置車両を撮影した。ロケハンで選定した、未舗装の併用軌道や津保川の専用橋などが点在する白金～上芥見間に引き返すことになり、往路にお世話になったモ503に再乗車した記憶がある。

開業時に竣工した木造駅本屋を背景に並ぶモ503とモ525。美濃町線の関～美濃間は、徹明町～関間が廃止された2005年に先立って1999年に廃止されたが、駅舎や駅構内は保存された。現在は美濃町線で活躍したモ601、モ512、モ593が、駅の施設と一緒に展示保存されている。*1967.2.26*

美濃電気軌道時代の面影を残し
人気のあったモ510型＆モ520型

Text◎松本典久

　名古屋鉄道は、中京圏に400kmを超える路線網を持ち、国内有数の規模を誇る大手私鉄だ。同社では近年まで岐阜市内で路面電車を運行し、さらにこの路線を軸としていくつかの支線も運行していた。そのひとつが美濃町線である。

　美濃町線は、岐阜市内と「美濃和紙」などの産地として知られる郊外の美濃町（1954年に近隣6村と合併して美濃市となる）を結ぶ鉄道として、明治末期の1911年2月11日に美濃電気軌道によって開業した。この時は国鉄岐阜駅に近い駅前（のち岐阜駅前）～本町間と途中の徹明町から上有知（のち美濃町→新美濃町→美濃と改称）に至る路線で運行を開始した。のちに前者は岐阜市内線、後者が美濃町線となる。

　美濃電気軌道はこれを皮切りとして延伸を重ね、市内の路線網を充実させると共に笠松線（名鉄竹鼻線の前身）、北方線（名鉄揖斐線の前身。現廃止）などの鉄道線も開業した。

　こうして美濃電気軌道は岐阜県下にネットワークを広げていったが、昭和に入った1930年、愛知県下を中心に運行していた名古屋鉄道（現在の名古屋鉄道とは別法人）と合併して名岐鉄道となる。さらに1935年には愛知電気鉄道と合併して現在の名古屋鉄道として新たに設立した。

　新生・名古屋鉄道時代、美濃町線や揖斐線で活躍したモ510型およびモ520型は、美濃電気軌道によってセミボ510型、DB505型として製造された車両だった。当初、笠松線に導入されたが、名岐鉄道時代に美濃町線に転じている。

　両形式はよく似たスタイルで、車体長13m級、前面窓は5枚で構成され、大きく弧を描く配置。さらに戸袋窓は楕円形で、個性あふれる電車となっていた。形式名がわかれていたのは、モ510型が半鋼製車、モ520型は木造車で、車体構造がまったく異なっていたのだ。ちなみにモ520型は1964年に車体外部に鋼板を張って、見た目はモ510型と大差ないスタイルとなっている。

　長年、美濃町線で活躍してきたが、1967年から岐阜市内線と揖斐線を直通運転することになった。両形式はその専用車両として抜擢され、揖斐線へと転用されたのだ。この時、小型車両ながら転換クロスシート化などの改造も行われている。

　いっぽう、美濃町線では1970年に競輪場前から車庫へとつながる線路を延長（田神線）して、各務原（かがみがはら）線へと接続させ、新岐阜駅へと直通運転するようになった。美濃町線は直流600V、各務原線は同1500Vのため、直通には双方に対応する複電圧車が必要で、新たにモ600型が開発された。美濃町線本来の起点となる徹明町への連絡のため、日野橋で接続を取り、さらに競輪場前～日野橋間では接続列車を続行させるといった特殊な運転方法もとられていた。

　沿線が魅力的だった関～美濃間は、残念ながら1999年3月末限りで廃止、残った区間も2005年3月末限りで廃止されてしまった。

寒風が吹き抜ける津保川を渡る徹明町行きモ521。クリームとグリーンの岐阜市内線色が冬空に映えた。白金～上芥見 *1967.2.26*

「はりまや橋」名物のタイヤモンドクロッシングを渡る625＋622。市内から安芸線に直通運転する急行安芸行き。600型は重連用の連結器や総括制御器を装備している。*1968.5.2*

南国土佐は「はりまや橋」
土佐電気鉄道
1968-1988

初めての四国旅行で、国鉄高知駅に降り立ったのは1968年5月だった。今日の狙いは、土佐電気鉄道（以下土佐電鉄／現・とさでん交通）の300型四輪単車と国鉄土讃線後免駅と安芸駅26.8kmを結ぶ土佐電鉄安芸線の撮影だ。

高知駅からロケ地の「はりまや橋」までは目と鼻の先で、朝の散策を兼ねて徒歩で向かった。「はりまや橋」を一躍有名にしたのが、ペギー葉山のヒット曲「南国土佐を後にして」と同名の日活映画（監督：斎藤武市・主演：小林旭）だ。映画の封切り後「土佐の高知のはりまや橋で…」のフレーズにロマンを掻き立てられ、はりまや橋を訪れる観光客が急増したそうだ。

はりまや橋の南側に面した交差点には、「ダイヤモンドクロッシング」と呼ばれる桟橋線と後免線の軌道が十字に交差し、各辺に渡り線が設けられた比類のない線形の軌道が敷設されている。

はりまや橋を渡る桟橋五丁目行きの202。地元では土佐電鉄を土電（とでん）と呼んでおり、都電（とでん）が走る東京人には愛着が湧いてくる路面電車だ。蓮池町通〜はりまや橋 *1968.5.2*

ダイヤモンドクロッシングの撮影後、桟橋線の終点桟橋通五丁目界隈を散策する。当時、現役で活躍する四輪単車は岡山電軌と土佐電鉄くらいになっていたから、300型四輪単車が終点で折り返すシーンは貴重な一齣となった。

高知港からほど近い桟橋通五丁目で、高知駅前への折り返しを待つ300型四輪単車。創業時の木造四輪単車からの鋼体化改造車で26両が在籍した。*1968.5.2*

昭和の路面電車風景

黒潮洗う穴内海岸を快
走する安芸行き629は
都電7000型を模して自
社工場で製造された。
穴内〜安芸 *1968.5.2*

土佐電鉄は1984年に開業80周年を記念して、創業時の四輪単車を復刻した。見事に竣工した7型
は「維新號」と命名された。高知城の天守閣を背景に走る鏡川橋ゆき復刻電車。県庁前 *1988.8.21*

土佐電鉄200型は都電6000型の姉妹車で1950年から1956年に亘り20両が製造された。
写真の206は1952年日立製作所製で、更新修繕を受けて矍鑠と走り続けている。明治
期からの庫が現存する風情に富んだ後免線の一齣。清和学園前～領石通 *1986.11.24*

「とさでん交通」として運行される
現存する日本最古の路面電車

Text◎松本典久

　土佐電気鉄道とは、高知市内を中心に路面電車を運行する「とさでん交通」の前身となる会社のひとつだ。同社は土佐電気鉄道と高知県下を中心にバス事業を展開してきた高知県交通・土佐電ドリームサービスとの3社による「共同新設分割」によって2014年に生まれた新組織だ。

　土佐電気鉄道は、明治時代に同じ社名で発足、1904（明治37）年5月2日に本町線（現・伊野線の一部）の堀詰〜乗出（現・グランド通）間などで開業している。これは現存している日本の路面電車としては、のちに東京都電となる東京電車鉄道や東京市街鉄道に次いで古い。

　ちなみに路線そのものとすると、現在運行されている都電荒川線三ノ輪橋〜早稲田間の開業は大正〜昭和なので、土佐電気鉄道の初期に構築された区間は「現存日本最古の路面電車」といえる存在だ。

　この土佐電気鉄道は大正時代に電力供給事業を行っていた別会社と合併して土佐電気となるため、とさでん交通の社史などでは旧土佐電気鉄道と紹介されている。

　この合併と前後して新たな高知鉄道が設立し、大正時代の1924年に後免町〜手詰（てい）間で開業、徐々に延伸して後免〜御免町〜安芸間となった。こちらは蒸気機関車で運行する鉄道で、時代が昭和になってから気動車も導入している。

　1941年、国策による交通統合を受け、高知鉄道は土佐電気（旧土佐電気鉄道）などと合併、土佐交通となった。

　戦後、土佐交通では戦災や南海大地震からの復興をはかるために会社組織を立て直し、鉄道部門などは1948年に土佐電気鉄道として再スタートしている。

　同社では「安芸線」あるいは「鉄道線」と呼ばれる旧高知鉄道の後免〜安芸間の電化に取り掛かり、1949年7月20日までに全線電化を完了している。これによって安芸線の所要時間は1時間40分から56分へと大幅に短縮され、さらに1954年からは後免町を経て高知市内の路面電車とも直通運転を開始、安芸線の利便性は大きく改善された。

　安芸線では、電化時に京阪神急行電鉄（現・阪急電鉄）からの譲渡改造車などを使っていたが、1963年には新たに阪神電気鉄道から1101型を譲り受け、これをモハ5000型やクハ3000型として運用するようになった。諸河カメラマンが訪ねたのはこの時代のことだ。

　なお、安芸線は1974年3月末限りで廃止された。現在、土佐くろしお鉄道のごめん・なはり線が安芸線をカバーするようなルートで運行しているが、こちらは安芸駅までほぼ高架構造で、土佐電気鉄道安芸線の車窓とはまったく別物となっている。

　現在も運行されている路面電車区間は、伊野線（はりまや橋〜伊野間）、後免線（後免町〜はりまや橋間）、桟橋線（高知駅前〜桟橋通五丁目間）と3つの路線に分かれている。本書に掲載した300型四輪単車は「維新號」への復元車を残して廃車。いっぽう、200型や600型は一部が廃車されたものの現在も健在だ。

国道195号線と並走する土佐電鉄後免線は写真のようなサイドリザベーション方式で敷設されており、路面電車はマイペースで走行できる。新木（しんぎ）付近 *1968.5.2*

昭和の路面電車風景

137

車庫が所在する浦上車庫前（現・浦上車庫）の界隈は専用軌道になっており、クルマに邪魔されずに撮影を楽しめた。3系統赤迫行きの木造電車161が春陽を浴びて走り去った。*1968.3.18*

木造電車に乾杯！
長崎電気軌道 1968

　1968年春の九州ロケでは、初見参となる各地の路面電車をくまなく巡っている。その中には、西鉄北九州線や大分交通別大線のように廃止された路線も多いが、長崎、熊本、鹿児島の三都市では、半世紀後の今日でも路面電車が健在なのが嬉しい。

　長崎電気軌道（以下長崎電軌）のロケーションは、朝から好天に恵まれ、ラッシュ時に運行される木造路面電車との出合いに心が弾んだ。

　長崎電軌は、本線、赤迫支線、大浦支線、桜町支線、蛍茶屋支線の五線の合計距離が11.5kmという小世帯だから、一度お目当ての電

長崎観光で著名な「眼鏡橋」が架かる中島川の下流を賑橋（にぎわいばし）専用橋で渡る2系統赤迫行き163。賑橋〜西浜町（現・めがね橋〜浜町アーケード）*1968.3.18*

公会堂前（現・市役所）で発車を待つ2系統蛍茶屋行き172。160型と窓割が異なる170型は二重屋根幕板に水雷型ベンチレーターを装着している。訪問時には160型6両、170型7両の計13両のレジェンドが在籍した。*1968.3.18*

車を撮り逃しても、すぐに折り返しに再挑戦できることが、地の利に疎いエトランゼには大きな味方となった。

　長崎電軌のお目当ては、160型と170型の木造車両で、いずれも西鉄福岡市内線からの転入車だ。西鉄北九州線の前身である九州電気軌道が1911年に新造した1系高床式ボギー車が160型、1914年に増備した同系車の35系が170型のルーツだ。双方とも車齢50年を超す木造車両が現役で活躍していたことは、驚嘆に値しよう。

　木造電車に乾杯！

単線区間のある大浦支線の一齣。写真の5系統蛍茶屋行き200型は長崎電
軌の主力車で、戦後初の新造車だった。弁天橋（現・大浦天主堂）*1968.3.18*

大浦支線は狭隘な大浦石橋通に単線で敷設された。山間に
続く民家を背景に大浦川畔を行く5系統蛍茶屋行き500型。
弁天橋〜大浦（現・大浦天主堂〜大浦海岸通）1968.3.18

昭和の路面電車風景

全国各地から中古車両を譲受
経営危機を乗り切った

Text◎松本典久

　長崎電気軌道（以下長崎電軌）は、現在も運行されている数少ない路面電車のひとつだ。九州では熊本や鹿児島でも路面電車が健在だが、こちらは熊本市や鹿児島市の運営による「市電」だ。対して長崎の場合、公営ではなく民営による運行だが、「市電」あるいは「電車」と呼ばれて親しまれている。

　長崎電軌は、日本全国で路面電車の開業が相次いだ大正時代の1914年に創立、1915年11月16日に病院下（現・大学病院）〜築町（現・新地中華街）間で開業した。その後、小まめに延伸を重ね、1933年には営業キロ9.6kmの規模となった。軌間は1435mm、電車線電圧は直流600Vを採用している。

　長崎では太平洋戦争中の1945年8月9日、原爆による壊滅的な被害を受けたが、長崎電軌も在籍56両のうち16両焼失、約500名在職した社員も2割以上が犠牲になった。

　長崎電軌では残された人材や資材で復旧をはかり、終戦後の11月25日から長崎駅前〜蛍茶屋間で運行再開となった。その後も復旧を続けたが、戦前の規模まで戻るのは1953年のことだった。

　この復旧途上、浦上地区などで人口が急増したため、1950年には大橋〜住吉間を延伸、さらに1960年には現在の終点となる赤迫まで延長している。また、諸河カメラマンが初めて長崎電軌を訪ねてから3か月後の1968年6月17日には思案橋〜正覚寺下（現・崇福寺）間も開業し、現在の11.5kmにおよぶ路線網が完成している。

　この時代、東京をはじめとする大都市の路面電車は廃止を進める最中で、わずかな距離でも延伸する長崎電軌は注目を受けた。

　ただし、モータリゼーションの進展にともなう経営苦境は長崎電軌も変わらず、車掌の非正社員化、さらにはワンマン化を実施。兼業していたバス部門を切り離すなど合理化を進めている。また、1960年代前半以降は車両新製も行わず、不足する車両は各地の廃止路面電車から譲受するかたちで賄った。こうした努力によって長崎電軌は危機を乗り切ったのである。

　1970年代後半、残された路面電車の活用を狙い、日本鉄道技術協会や運輸省（現・国土交通省）、車両メーカーの協力によって「軽快電車」が開発された。これは省エネなど最新技術を盛り込んだ路面電車で、長崎電軌ではその第一陣として完成した車両を1980年に2000型として導入している。

　諸河カメラマンがターゲットにした木造の160型と170型は1970年代後半まで現役だったが、こうした新製車両の導入と前後して引退、体質改善をはかっていったのだ。

　長崎は世界的な人気観光地となっているが、長崎電軌の沿線にはビューポイントが目白押しだ。長崎電軌では1977年から「電車一日乗車券」も発売、こうした観光客の電車活用にも努力を続けている。2023年3月現在、全区間140円の均一運賃。国内路面電車の中でもリーズナブルな設定で頑張っている。

廃止された箱根登山鉄道小田原市内線から転入した木造車を鋼体化改造した150型も活躍。西浜町〜賑橋（現・浜町アーケード〜めがね橋）*1968.3.18*

モノクロームで綴る
昭和の鉄道風景
諸河 久 著

2023年5月15日発行

解説欄執筆　　松本典久
執筆協力　　　宮田寛之・西尾恵介・
　　　　　　　寺本光照・佐々木直樹・
　　　　　　　田谷 惠一・湯川徹二・鍋島則博

表紙・本文デザイン　小林 加代子
発行人　　　山手章弘
編集人　　　佐藤信博
編集　　　　廣部 妥

発行所　　イカロス出版株式会社
　　　　　〒101-0051
　　　　　東京都千代田区神田神保町1-105
　　　　　電話 03-6837-4661（出版営業部）
印刷　　　図書印刷株式会社

あとがき

　イカロス出版から「モノクロームの国鉄」を先鋒に、私鉄、国鉄蒸気機関車、東京都電、軽便鉄道、国鉄情景、私鉄電機、と「モノクローム」の書題を冠した写真集を上梓させていただいた。2014年の初出から8冊目となる今回は「モノクロームで綴る 昭和の鉄道風景」と書題を少し変更して、1960年代から1980年代にかけて撮影した作品を編纂し、過ぎ去った昭和時代の鉄道風景写真集を上梓することができた。本書から活気に満ちた昭和時代の鉄道憧憬をお楽しみいただければ本望である。

　掲載作品は往時のモノクロネガフィルムを素材にして、最新のデジタルデータ化技術でリマスターしている。その結果、従来のアナログプリントでは再現できなかったモノクロームの階調を、より鮮明に表現できたものと自負している。

　掲載した国鉄や私鉄の解説には、畏友である鉄道作家・松本典久氏のお手を煩わせました。書上から謝意を表します。

　掲載作品の撮影行でお世話になった林 順信、林 嶢、飯島 巖、和田英昭、風間克美、関 崇博、後藤文男、大浦浩一、池田 明、寺師新一（順不同）各氏のご厚情にお礼申し上げます。

2023年初夏　諸河 久

デジタルデータ作成　諸河 久
デジタルデータ作成機材
キヤノンEOS 5Ds キヤノンマクロレンズEF100mm F2.8L IS USM
キヤノンEOS 5D MARKⅢ キヤノンマクロレンズEF100mm F2.8 USM
※複写RAWデータをキヤノンDPPソフトにより現像処理

【参考文献】
「機関車の系譜図」臼井茂信 交友社刊／「写真で見る戦後30年の鉄道車両」吉川文夫 交友社刊／「新形車両20年のあゆみ」鉄道友の会編 交友社刊／「国鉄車両配置表（1968年・1969年）」交友社刊／「新刊 総天然色のタイムマシーン」諸河 久・吉川文夫 ネコ・パブリッシング刊／「RM LIBRARY 74・75 上田丸子電鉄」宮田道一・諸河 久 ネコ・パブリッシング刊／「RM LIBRARY 78 山形交通三山線」鈴木 洋・若林 宣 ネコ・パブリッシング刊／「私鉄買収国電」佐竹保雄・佐竹 晃 ネコ・パブリッシング刊／「カラーブックス 路面電車」大塚和之・諸河 久 保育社刊／「私鉄の車両⑧」保育社刊／「モノクロームの私鉄原風景」諸河 久 交通新聞社刊／「鉄道ダイヤ情報連載 スクエアの世界①～㊱」諸河 久 交通新聞社刊／「1960年代 路面電車散歩」諸河 久 リブロアルテ刊／「鉄道ピクトリアル臨時増刊 私鉄車両めぐり 各分冊」／「鉄道ファン」各号／「機関車表 国鉄編」沖田祐作編 ネコ・パブリッシング刊／「世界の鉄道1964年版・1966年版」朝日新聞社刊／「北国の走者」鉄道友の会北海道支部刊／「日本鉄道旅行歴史地図帳①～⑫」今尾恵介 新潮社刊／「日本の鉄道再発見③一度は乗りたい汽車の旅」構成RGG 評伝社／「路面電車がみつめた50年前のTOKYO 各号」AERA dotオンライン連載 諸河 久 朝日新聞出版／「地方鉄道一覧大正14年」鉄道省監督局／「軌道一覧 大正14年」鉄道省監督局／「地方鉄道及軌道一覧 昭和10年」鉄道省監督局編／「地方鉄道及軌道一覧 昭和15年」鉄道省監督局刊／「地方鉄道及軌道一覧 昭和18年」鉄道省監督局刊／「私鉄要覧 昭和33年度」運輸省鉄道監督局監修／「私鉄要覧 昭和40年度」運輸省鉄道監督局監修／「私鉄要覧 昭和45年度」運輸省鉄道監督局監修／「私鉄要覧 昭和51年度」運輸省鉄道監督局監修／「平成10年度鉄道要覧」運輸省鉄道局監修／「日本国有鉄道百年史」日本国有鉄道